ALBUM

DU

MÉNESTREL.

Typ. et Lith. de APPERT fils et VAVASSEUR,
passage du Caire, 54.—Paris.

ALBUM

DU

MÉNESTREL.

Recueil de Romances & Chansonnettes nouvelles

DES MEILLEURS AUTEURS,

CHANTÉES DANS LES PRINCIPAUX CONCERTS ET SUR LES THÉATRES DE PARIS,

Par MM. Achard, Béfort, Chaudesaigues, Darcier, Duprez, Géraldy, Gozora, Hoffmann, Kelm, Levassor, Lincelle, Ponchard, Poultier, Roger, Sainte-Foy, Tagliafico, Wartel, Mmes Damoreau-Cinti, Darcier, Dorus-Gras, Félix, Iweins-d'Hennin, Lefébure-Wély, Révilly, Sabatier, Stolz, Ugalde-Beaucé, Élodie Vaillant.

SIXIÈME ~~TROISIÈME~~ VOLUME,

ORNÉ DE DIX GRAVURES ET PORTRAITS D'ARTISTES.

Prix : 2 Francs.

PARIS,

LIBRAIRIE SPÉCIALE DE CHANT ET MAGASIN DE MUSIQUE

de L. VIEILLOT, édit. des chansons de MM. L. FESTEAU & Gustave NADAUD,

32, *rue Notre-Dame-de-Nazareth.*

1851.

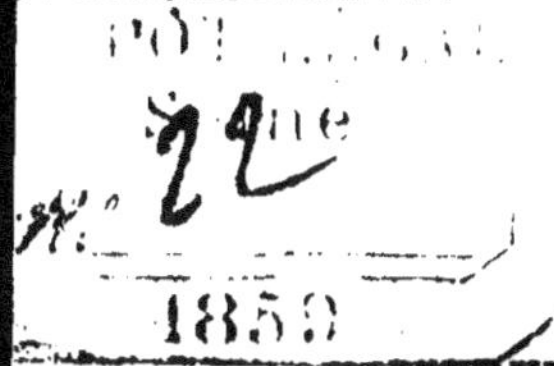

TIRELIRE

A

JACQUOT

CHANSONNETTE

Chantée par Joseph DARCIER,
Sur les principaux théâtres de Paris.

Paroles de M. DELANGE, Musique de M. L. CLAPISSON.
La Musique chez L. VIEILLOT, 32, rue N.-D.-de-Nazareth

Quel joli petit magot,
  De sa tirelire,   *(bis.)*
  De sa tire lot
Quel joli petit magot,
  Tire, tire, tire,
Un jour, tirera Jacquot !   *(bis.)*

J'ai mon trésor dans un grand bas
Un bas chiné qui m' vient de mon grand-père,
Et dans ce bas, plus long qu' mon bras,
L' magot commence à faire un joli tas !

Album du Ménestrel. 6ᵉ v.   **1ʳᵉ Livraison.**

Pristi ! pendant que j' suis en train
C'est-y dommag' que je n'ai pas la paire,
   Car, enfin, quand mon bas s'ra plein,
Oùs que j' mettrai c' qui m' tomb'ra dans là main.
    Quel joli petit magot, etc.

   Y'a beaucoup d' sous, des p'tits, des gros,
Et des p'tit's pièce' en bel argent qui brille,
   C'est comm' tout plein d' jolis grelots
Dont la chanson me rend leste et dispos !
   D'abord, c'est l' pied qui s' remplissait,
Puis, tout douc'ment, c'est v'nu jusqu'à la ch'ville ;
   Et mon trésor bien rondelet,
Monte aujourd'hui, ma foi, jusqu'au mollet.
    Quel joli petit magot, etc.

   Si j' voulais j' pourrais m' fair' beau,
J'aurais l' moyen d'avoir de la toilette,
   Et d' mettre un habit bleu barbeau
Quand dans les champs je mène mon troupeau !
   Je pourrais, si j'étais friand,
A tous mes r'pas manger de l'omelette !
   Je pourrais ach'ter un cur'-dent,
On a de tout quand on a de l'argent !
    Quel joli petit magot, etc.

   J' deviens tout d' même un bon parti,
Mais je n' veux m'ner devant Mosieu le Maire,
   Que cell' qui m' dira : Mon chéri,
Moi, j'ai mon bas que je t'apporte aussi !
   Moi je lui répondrai tant mieux !
Car, nous aurons de quoi faire la paire...

Mêm' quand on est bien amoureux,
Ça n'est pas trop d'un' pair' de bas pour deux !

 Quel joli petit magot,
  De sa tirelire,   (bis.)
  De sa tire lot
 Quel joli petit magot,
  Tire, tire, tire,
 Un jour, tirera Jacquot.   (bis.)

UN CONSEIL EN PASSANT

CHANSONNETTE.

Paroles et musique de M. Gaston D'ALBANO.
La Musique chez M. CHALLIOT, 354, *rue Saint-Honoré.*

 Marton me fait des mines
  Mutines,
 Berthe me fait des yeux
  Langoureux,
 Et Lise, la friponne,
 Qui n'est pas toujours bonne
 Voudrait, Dieu lui pardonne,
 Me rendre malheureux.
  Ah ! oui da,
  Nous verrons ça !

 Vous êtes coquettes,
 Gentilles fillettes,
 Eh ! bien, soyez coquettes,

Tant qu'il vous plaira,
Oui da !
Etalez vos charmes,
Aiguisez vos armes,
Mais tant pis pour celui que cela séduira !
Vous êtes coquettes,
Gentilles fillettes,
Non, non, non, non, non, non,
Il n'est pas grand mal à ça !
Etalez vos charmes,
Aiguisez vos armes,
Mais tant pis pour celui que cela séduira. (*bis.*)

Vous portez des dentelles,
Des fleurs nouvelles,
Vous changez tous les jours
Vos atours,
Puis, vous courez aux fêtes
Etaler vos toilettes,
Et vous croyez, coquettes,
Attirer les amours !
Ah ! oui da !
Nous verrons ça !
Non, non, non, mes belles,
Non, mes demoiselles,
Tant d'art et tant d'atours
Effarouchent parfois l'amour !
Vos mines coquettes,
Vos riches toilettes,
En attirant les yeux
Font peur aux amoureux

En attirant les yeux
Font grand peur aux amoureux !

Celle que mon cœur aime
D'amour extrême,
A pour tout ornement
Ses quinze ans !
Sans bijoux ni dentelles,
Certe elle est aussi belle
Que vous, Mademoiselle,
Sous vos riches rubans,
Ah ! ah ! ah ! oui vraiment,
Simple et modeste,
Femme ! ô fleur céleste !
Reste aux lieux bénis où le ciel t'a voulu cacher !
Dans un doux mystère
Un cœur solitaire,
Plein d'un saint amour viendra t'y chercher !
Sois humble et modeste,
O ma fleur céleste
La beauté, la vertu, gagnent à se cacher !
Dans un doux mystère
Un cœur solitaire,
Plein d'un saint amour viendra t'y chercher,
Un cœur plein d'amour viendra t'y chercher.

L'HUMBLE TOIT

DE MON PÈRE

TYROLIENNE.

Paroles de M. A. BÉTOURNÉ, musique de M. T. LABADRE

La Musique se trouve chez MM. BRANDUS et Cie, éditeurs,
103, rue Richelieu, à Paris.

On vante ces palais, ces temples, ces trophées,
Que la belle Italie élève jusqu'aux cieux
Et qu'on prendrait plutôt pour l'ouvrage des fées,
Tant leur grandeur magique éblouit tous les yeux.
    Moi, pourtant, je préfère,
    A ce brillant séjour,
    L'humble toit de mon père
    Où j'ai connu l'amour.   } *bis.*

On vante les jardins de l'heureuse Idumée,
Où le soleil répand ses plus riches couleurs,
Où d'éternels printemps à la terre embaumée,
Ne refusent jamais ni les fruits, ni les fleurs.
    Moi, pourtant, etc.

Non, ce n'est pas à moi qu'ils pourront faire envie
Ces jardins, ces palais dont l'œil est enchanté,
Dans les climats du nord où j'ai reçu la vie
On trouve autant d'amour et plus de liberté.
    Moi, pourtant, etc.

C'EST L'ORDRE DE L'ALCADE

DUETTINO

Chanté par **MM. LIONNET** FRÈRES.
Aux concerts de la salle de Herz.

Paroles de M. E. BARATEAU, musique de M. P. HENRION
La Musique chez M. COLOMBIER, *édit.*, 6, *rue Vivienne*

Formant le guet le plus habile,
Tous deux, notre lanterne en main,
La nuit nous parcourons la ville,
En répétant à chaque humain,
Que nous rencontrons en chemin :
    Rentrez tous,
    Il est tard, rentrez tous,   (*bis*)
    C'est l'ordre de l'alcade,
    Il est tard, rentrez tous...   } *bis*
    Bons bourgeois de Grenade,
    Prenez garde aux filous...
    C'est l'ordre de l'alcade,
    Il est tard, rentrez tous !
      Rentrez tous,   (*bis.*)
      Retirez-vous,
      Gare aux filous,   } *bis.*
        Rentrez tous !

Entendons-nous d'une guitare,
Tout bas soupirer les doux sons,

Si le chanteur n'est point avare,
Sans rien lui dire nous passons,
Mais sans argent nous lui disons :
      Taisez-vous.
Mais sans argent nous lui disons :
      C'est l'ordre de l'alcade,
      En prison, suivez-nous,   } bis.
      Amoureux de Grenade,
      Plus de chant, taisez-vous.
      C'est l'ordre de l'alcade,
      En prison, suivez-nous,   (bis.)
        Chut ! taisez-vous,
        Et suivez-nous. .   } bis.
        Suivez-nous !

Dans quelque noble hôtellerie,
Des buveurs sont-ils attardés,
Nous entrons, et, quand on nous prie
Nous buvons longtemps accoudés,
Puis quand leurs flacons sont vides...
      Couchez-vous !
      Plus de vin, couchez-vous   (bis.)
      C'est l'ordre de l'alcade,
      Aussitôt, disons-nous,   } bis.
      Braves gens de Grenade,
      Plus de vin, couchez-vous,
      C'est l'ordre de l'alcade
      Plus de vin, couchez-vous,
      Au revoir, couchez-vous,
        Rentrez chez vous
        Et dormez tous,   } bis.
        Dormez-tous.

LA VIE D'UNE FEMME

ROMANCE

Paroles et musique de M. Edmond LHUILLIER.

La Musique se trouve, à Paris, chez M. CHALLIOT, *éditeur, 354, rue Saint-Honoré.*

Tout n'est pas ROSES dans la vie,
Et pour quelques heureux moments,
Pauvres femmes que l'on envie
Combien nous avons de tourments !
Pour quelques roses dans la vie
Que de douleurs et de tourments !

De seize ans jusqu'à vingt on nous traite en idoles,
On nous pare, on nous fête, on nous couvre de fleurs!
Epiant nos regards et nos moindres paroles,
Les hommes les plus fiers, pour nous versent des pleurs ;
Nous sommes, d'après eux, des anges moins les ailes,
On nous fait des serments d'éternelles amours,
On nous compare aux lys, aux roses les plus belles,
Et nous nous laissons prendre à tous ces vieux discours !
Si bien qu'un beau matin nous nous donnons un maître,
Croyant à l'infini d'une lune de miel ;

Mais aux griffes bientôt le lion se fait connaître,
Et nous trouvons l'enfer où nous rêvions le ciel.
       Tout n'est pas, etc.

Le mari, bien souvent, passe au loin sa journée,
S'occupant de plaisirs, d'affaires ou de jeux,
La femme reste seule, et, partant, exposée
Aux consolations d'amis officieux ;
Ferme-t-elle sa porte ? on la traite de prude!
Reçoit-elle ? on jase, et, de légèreté,
C'est le moins, on l'accuse ? et, suivant l'habitude,
Les femmes sont surtout, pour elle sans pitié!
Hélas ! voilà le monde, et l'on nous croit heureus·s.
Parce que, par fierté, nous cachons nos douleurs!
Ah! que de fois, au bal, brillantes, radieuses,
Le front ceint de diamants, nous dévorons nos pleurs !
       Tout n'est pas, etc.

Nos enfants, ces trésors, cet espoir d'une mère,
Que de soins, de soucis, pour les mener à bien!
Mais du jour qu'ils sont grands, le fils part pour la guerre
La fille se marie!... il ne nous reste rien !
Puis, la vieillesse arrive ! autrefois c'était l'âge,
Où d'amour, de respect, chacun nous entourait ;
Mais l'on s'est affranchi de ce gothique usage,
Et les soins qu'on nous rend, on les rend à regret.
A peu d'exceptions, voilà toute la vie
D'une femme en ce monde! amour et dévouement,
Souffrance et charité; mais Dieu qui rien n'oublie,
Quand notre tour viendra, pour nous sera clément.
       Tout n'est pas, etc.

DÉPÊCHE-TOI DE GRANDIR

P'TIT-PIERRE

CHANSONNETTE.

Paroles de M. A. GROUT,

Musique de M. Léopold AMAT.

La Musique se trouve chez MM. HEUGEL et Cie, édit.
2 bis, rue Vivienne, à Paris.

Quand j' vois l' dimanche, après la messe,
   Les garçons s' rassembler,
Au milieu d'eux, avec adresse,
   Je cours me faufiler ;
Mais y m' traitent, qu' c'est une misère,
V m' font des nich's à n' pus finir ;
Aussi tout bas je m' dis : P'TIT-PIERRE,
Dépêch'-toi donc d' grandir, P'TIT-PIERRE.
Dépêch'-toi donc (*bis,* dépêch'-toi d' grandir, P'TIT-PIERRE.

Hier, j' vis THOMAS près d' NANETTE,
   Je n' sais c' qu'il lui disait ;
Mais je r'marquai que la fillette,
   Tout-à-coup rougissait.

Puis sur lui r'levant sa paupière
J'y vis briller tant de plaisir,
Qu'alors tout bas je m' dis : P'TIT-PIERRE,
   Dépêch'-toi, etc.

Quand je vois dans notre village
   Un vieux pauvre passer,
Hélas ! comment à son grand âge
   Ne pas s'intéresser ?
J' voudrais soulager sa misère
Mais j' n'ai rien pour la secourir,
J'ai l' cœur gros et je m' dis : P'TIT-PIERRE.
   Dépêch'-toi, etc.

On m' dit qu' not' France bien-aimée
   Comptait tant de héros,
Qu' jadis tous les soldats d' l'armée
   Devenaient généraux.
Cristi ! ça f'rait-y mon affaire,
Si c' bon temps-là pouvait r'venir ;
C'est pour lors que j' dirais : P'TIT-PIERRE,
Dépêch'-toi donc d' grandir, P'TIT-PIERRE !
Dépêch'-toi donc (*bis*) dépêch'-toi d' grandir, P'TIT-PIERRE.

Paris. — *L. VIEILLOT, éditeur et seul propriétaire*
32, rue Notre-Dame-de-Nazareth.

Paris. — Imprimerie de A. APPERT, pass. du Caire, 54.

GRAZIA LA VENDANGEUSE.

SICILIENNE

Chantée par Mᵐᵉ **LEFÉBURE-WÉLY**,
Aux concerts de la salle de *Herz*.

Paroles de M. J. LORIN, Musique de M. F. MASINI.

La Musique se trouve chez MM. A. IKELMER et Cⁱᵉ, *édit.*,
11, *rue Rougemont, à Paris.*

Près des flots où Capri s'incline
Berçant ses vignes au soleil,
Il est une fille divine
Aux yeux d'azur, au teint vermeil ;
Sur sa chevelure d'ébène,
Son bras léger comme un rameau,
Soutient une corbeille pleine
Des blondes grappes du côteau...

C'est Grazia la vendangeuse,
La perle fine de Capri,

Qui s'en va, brune enfant rêveuse,
Sous l'or de son raisin mûri !   } *bis.*
Sous l'or de son raisin mûri !   (*bis.*)

Lorsqu'on célèbre les richesses
Du Dieu qui dore les raisins,
Lorsqu'au milieu de ses largesses,
Sous le ciel, on prie à deux mains ;
Des vierges on prend la plus belle,
Pour demander au créateur
L'espoir en la saison nouvelle,
Et le pain pour le travailleur !
     C'est Grazia, etc.

Pour un débris de sa couronne,
Bien longtemps, j'ai suivi ses pas ;
Longtemps, au pied de la madone
J'ai murmuré son nom tout bas !
Enfin le ciel, à ma prière,
M'a donné, le soir d'un beau jour,
Pour compagne sur cette terre,
Le plus beau des anges d'amour !

C'est Grazia la vendangeuse,
La perle fine de Capri,
Qui s'en va, brune enfant rêveuse,   } *bis.*
Sous l'or de son raisin mûri !
Sour l'or de son raisin mûri !   (*bis.*)

A MOI SON CŒUR

AIR

Chanté par Mlle **BORGHÈSE**, au Théâtre Lyrique

Dans **LES DRAGONS DE VILLARS.**

Paroles de MM. Lockroy et Cormon,
Musique de M. A. Maillart.

Eh! voyez, voyez cette figure,
Ces mains et ces pieds, cette tournure!
Qui reconnaîtrait, sous sa parure,   *bis.*
    Qui reconnaîtrait
    Rose Friquet?
Le joli choix, c'est merveilleux!   *(bis.)*
Ce bon Sylvain, il perd les yeux!
Et patati, et patata.   *(ter)*
    J'entends déjà
    Le commérage
    Qui se fera
    Dans le village,
    Et les cancans,
    Les mots méchants
Qui vont courir à nos dépens,
J'entends déjà les mots méchants   *bis.*
Qui vont courir à nos dépens
Qui vont courir à nos dépens!

Oui, c'est moi qu'il a choisie,
A moi son cœur, sa vie !   (*bis.*)
Un seul jour
M'a donné, m'a donné son amour !
Il n'est plus rien sur terre,
Non, non, rien que j'espère,
Adieu chagrins, peines, douleurs !
Je puis braver, oui, braver vos rigueurs !
Ah ! oui, c'est moi qu'il a choisie !
A moi son cœur, sa vie !   (*bis.*)
Un seul jour
M'a donné, m'a donné son amour !

LES DRAGONS DE VILLARS, opéra-comique en deux actes, en vente chez MM. MICHEL LEVY frères, éditeurs, rue Vivienne, 2 bis. Prix : 1 franc.

LA BONTÉ

ROMANCE.

Paroles et musique du Chevalier Gaston d'ALBANO.
La Musique chez M. CHALLIOT, 354, *rue Saint-Honoré*

Croyez-moi, jeune fille,
Aux vallons d'ici-bas,
Toute chose qui brille
Ne dure point, hélas !
Vous jouissez, joie éphémère,
Quand vous possédez la beauté,
Tout s'oublie et passe sur terre,
Excepté, excepté la bonté !

Soyez bonne, soyez bonne,
Tous les bons cœurs sont bénis !
Dieu les aime et Dieu leur donne
Une place au Paradis !

Jeunesse, amour, tout passe,
Et sans avoir laissé
La plus petite trace
Au livre du passé ;
Gloire, richesses et génie,
Bonheur, puissance et royauté,
Tout s'efface, hélas ! tout s'oublie,
Excepté, excepté la bonté !
Soyez bonne, etc.

La bonté, douce flamme,
Soleil des malheureux,
Fut donnée à la femme
Comme un présent des cieux !
La bonté sait faire l'aumône,
La bonté fait sécher les pleurs ;
Aussi, dans le ciel, Dieu pardonne
Les erreurs, les erreurs des bons cœurs !

Soyez bonne, soyez bonne,
Tous les bons cœurs sont bénis !
Dieu les aime et Dieu leur donne
Une place au Paradis !

LE MAGE

MÉLODIE BIBLIQUE

Chantée par **M. RENARD**, de l'Opéra,

Paroles de M. E. PLOUVIER, musique de M. A. VOGEL.
La Musique chez M. COLOMBIER, édit., 6, rue Vivienne.

Au fond du firmament voyez-vous cette étoile,
Mes frères, suivons bien sa trace dans les cieux ;
De l'asile, où nos yeux verront l'enfant sans voile,
Elle éclaire pour nous le chemin radieux.
Mais quand vers le midi le soleil nous inonde,
Quand nos pieds fatigués semblent s'appesantir...
A genoux louons Dieu qui veut sauver le monde
En envoyant son fils souffrir, aimer, bénir !

Apportons d'Orient l'or, l'encens et la myrrhe
A celui qui pour nous vient chercher les dangers ;
Il pouvait en naissant commander à l'empire,
Il aima mieux la vie au milieu des bergers.
Appelons tous les biens sur la vierge féconde.
Que pour mère, ici-bas, il a daigné choisir ;
Et toujours louons Dieu qui veut sauver le monde,
En envoyant son fils souffrir, aimer, bénir !

Mes frères, regardez, là-bas, sur la colline,
Bethléem semble en fête et chante l'éternel ;
Vers cet humble séjour notre étoile s'incline,
C'est là que l'enfant-Dieu vient guider Israel !
Courbons ici nos fronts dans une foi profonde
Joyeux, avec Juda, de son chef à venir !
Adorons ce Jésus qui pour sauver le monde,
Est descendu des cieux, souffrir, aimer, bénir !

LA MARMOTTE
A BIEN DANSÉ!

MONTAGNARDE

Chantée par **BERTHELIER**, de l'Opéra-Comique.
Aux concerts de la salle de Herz

Paroles de M. H. GUÉRIN DE LITTEAU,
Musique de M. Paul HENRION.

La Musique se trouve chez M. COLOMBIER, *éditeur,*
6, rue Vivienne, à Paris.

Ma mère, embrassez donc vite
Votre petit savoyard,
Et dans vos baisers ensuite
Que ma marmotte ait sa part!
De Paris je vous amène,
En gros sous de bon aloi.
Un trésor tel que, sans peine,
Vous chanterez avec moi :

Saprelotte! saprelotte!
Pour tant d'argent ramassé;   } bis
Pour tant d'argent ramassé,
La marmotte, la marmotte,
La marmotte a bien dansé,   } bis.
La marmotte a bien dansé!   (bis)

Au doux pauvret, rayonnante,
L'humble mère ouvrit les bras;
Puis la nouvelle étonnante
Se répandit à grands pas...
« Tudieu! » pensait la bourgade,
Lorgnant le fier chapeau neuf,
La basquette en cotonnade,
Les souliers en cuir de bœuf.
    Saprelotte, etc.

Et bientôt dans la chaumine
Se déroule la splendeur;
Des cadeaux pour la cousine,
Pour la tante et pour la sœur :
Trois étuis de sycomore,
Trois tartans couleur lilas,
Ce qui fit, plus faux encore,
Remugir en charabias :
    Saprelotte, etc.

Lorsqu'enfin, près du notaire,
Le richard dit : Soyons francs !
Qu'avez-vous à vendre en terre?
J'en veux pour quatre-vingt francs !

Par la Pâque après Carême !
Par Saint-Flour du Carillon !
S'écria surpris lui-même,
Monseigneur le tabellion :

Saprelote ! saprelotte !
Pour tant d'argent ramassé ;   } *bis.*
Pour tant d'argent ramassé,
La marmotte, la marmotte,
La marmotte a bien dansé,   } *bis.*
La marmotte a bien dansé.   (*bis.*)

LE RÊVE

MÉLODIE.

Paroles de L.-N.-M. CARNOT, musique de LÉON.

La Musique chez L. VIEILLOT, 32, *r. N.-D.-de-Nazareth'*

Un soir, accablé de tristesse,
Je me couchai sous un ormeau :
D'un songe alors la douce ivresse
Pour moi vint changer tout en beau.
A mes vœux tout était prospère,
J'étais protégé des amours,
Je possédais le don de plaire,
Que ne peut-on rêver toujours !

Je revis le siècle d'Astrée,
La paix régnait sur les mortels,
Toute promesse était sacrée,
La justice avait ses autels.
On était tendre, on était sage,
On était franc dans ses discours ;
Plus de tyrans, plus d'esclavage,
Que ne peut-on rêver toujours !

La terre parée et féconde
N'exigeait pas de durs travaux :
Ainsi qu'aux premiers jours du monde
Les riches gardaient leurs troupeaux.
Sous des cabanes de feuillages
Les humains fixaient leur séjour :
Les amans n'étaient point volages.
Que ne peut-on rêver toujours !

Mais un bruit semblable au tonnerre
Vint m'arracher à mon sommeil :
La félicité mensongère,
S'évanouit à mon réveil.
De mon erreur plus de vestige,
Adieu, charmes, adieu, beaux jours !
Tout ce que je revois m'afflige,
Que ne peut-on rêver toujours !

MADEMOISELLE MUSETTE

CHANSON

Chantée par **J. DARCIER,**

Poésie de M. H. MURGER, musique de M. A. VERNE
La Musique chez MM. HEUGEL et Cⁱᵉ, 2 *bis, rue Vivienne*

Hier, en voyant une hirondelle
Qui nous ramenait le printemps,
Je me suis rappelé la belle
Qui m'aima quand elle eut le temps;
Et, pendant toute la journée,
Pensif, je suis resté devant
Le vieil almanach de l'année,
Où nous nous sommes aimés tant!

Non, ma jeunesse n'est pas morte,
Il n'est pas mort ton souvenir,
Et si tu frappais à ma porte,
Mon cœur, Musette, irait t'ouvrir.
Puisqu'à ton nom, toujours il tremble,
Muse de l'infidélité,
Reviens encor manger ensemble
Le pain béni de la gaîté.

Les meubles de notre chambrette,
Ces vieux amis de notre amour
Déjà prennent un air de fête
Au seul espoir de ton retour.
Viens, tu reconnaîtras, ma chère,
Tous ceux qu'en deuil mit ton départ…

Le petit lit et le grand verre
Où tu buvais souvent ma part.

Tu remettras la robe blanche
Dont tu te parais autrefois,
Et, comme autrefois, le dimanche
Nous irons courir dans les bois..
Assis, le soir sous la tonnelle,
Nous boirons encor ce vin clair,
Où ta chanson mouillait son aile
Avant de s'envoler dans l'air.

Musette qui s'est souvenue,
Le carnaval étant fini,
Un beau matin est revenue,
Oiseau volage, à l'ancien nid.
Mais en embrassant l'infidèle,
Mon cœur n'a pas senti d'émoi ;
Et Musette qui n'est plus elle,
Disait que je n'étais plus moi.

Adieu, va-t-en... pauvre adorée
Bien morte avec l'amour dernier,
Notre jeunesse est enterrée
Au fond du vieux calendrier...
Ce n'est plus qu'en fouillant la cendre
Des beaux jours qu'il a contenus,
Qu'un souvenir pourra nous rendre
La clé des Paradis perdus !

Paris. — *L. VIEILLOT, éditeur et seul propriétaire*
32, rue Notre-Dame-de-Nazareth.

Paris. — Imp. de A. APPERT, pass. du Caire, 54.

RISETTE

CHANSON

Chantée par Mlle **ROSA-DIDIER**,
Au théâtre du Gymnase.

Dans **RISETTE** ou **LES MILLIONS DE LA MANSARDE**.

Paroles de M. Edmond ABOUT,
Musique de M. COUDER.

La Musique se trouve chez MM. A. IKELMER et C°, édit.,
11, rue Rougemont, à Paris.

A Paris, près de Pantin,
Je naquis un beau matin
   De décembre,
Pour chasser le froid, la faim,
Nous n'avions ni feu, ni pain
   Dans la chambre.
Papa disait à maman :
Elle a mal pris son moment
   Ta fillette.
Mais le soleil par les trous
Du toit descendait chez nous
Et de ses yeux les plus doux,
   Nous faisait à tous   } *bis.*
Risette, risette, risette.

Jusqu'à l'âge de seize ans,
J'ai chiffonné des rubans
    Pour les autres,
J'ai couronné d'un bonnet
Plus d'un front qui ne valait
    Pas les nôtres ;
Parfois, avant de dormir,
J'ai soupé d'un gros soupir
    Sans fourchette.
Mais pourquoi mouiller mes yeux ?
On ne s'en porte pas mieux,
Au sort le plus malheureux
    J'ai fait en tous lieux
Risette, risette, risette.

Un monsieur m'offrit souvent
Son amour et son argent
    Sans notaire,
Je ne me fâche de rien,
Mais il ferait aussi bien
    De se taire ;
Une fille comme nous
Ne porte pas de bijoux
    Qu'on achète.
Mais celui que j'aimerai,
Un jour je le conduirai
Chez le maire et le curé,
    Et je lui ferai
Risette, risette, risette,

RISETTE ou LES MILLIONS DE LA MANSARDE, vaudeville en
acte, en vente chez MM. MICHEL LÉVY frères, édit., 2 bis, rue
Vivienne. Prix : 1 fr.

UNE LARME D'ENFANT

MÉLODIE

Paroles de M. F. TOURTE, Musique de M. L. ABADIE
La Musique chez MM. HEUGEL et Cie, **2** *bis, r. Vivienne.*

Voyez, voyez, comme elle pleure
　　Depuis une heure,
　　Comme elle pleure,
Cette enfant aux yeux bleus,
Que rien ne distrait, ne console,
　　Elle, si folle,　(*bis.*)
　　Ni vos chants, ni vos jeux,　(*bis.*)
　　Mais, Dieu, pauvre petite,
　　Qui commande au torrent,
　　Dieu sèchera bien vite
　　Une larme d'enfant !

Ses yeux ont vu s'enfuir, je gage,
　　Loin de sa cage
　　S'enfuir, je gage,
Son oiseau préféré ;
Sa petite main convoitise
　　Une cerise,　(*bis.*)
Un gâteau tout tout doré,　(*bis.*)
　　Mais Dieu, etc.

Ce n'est pas un jouet qui cause,
　　Étrange chose,
　　Un jouet qui cause
Son chagrin, son courroux !

Sa mère la gronde et l'appelle :
    « Mademoiselle »,   (bis.)
Oui, sa mère l'appelle
Méchante et lui dit vous.
Mais, Dieu, pauvre petite,
Qui commande au torrent,
Dieu séchera bien vite
Une larme d'enfant ;

LES RUINES DE PIERREFOND

SOUVÉNIRS.

Paroles de M. E. Martin, musique de M. J. Couplet.

La Musique se trouve chez L. Vieillot, éditeur,
32, rue Notre-Dame-de-Nazareth, à Paris.

Salut ! débris de Pierrefond,
Vieux Château tapissé de lierre ;
J'ai franchi ton fossé profond,
Et sous mon pied ton front de pierre,
A fait dresser le souvenir
Du temps de ta gloire superbe ;
Et j'ai cru surprendre un soupir,
D'une âme au corps glacé sous l'herbe.

C'était la brise qui pleurait,
Dans tes ruines imposantes,
Ou le noir hibou qui veillait,
Parmi tes mousses jaunissantes.

Tu paraissais un vieux couvent,
Dont l'enceinte froide et sévère,
Me laissait contempler souvent,
De blanches nonnes en prière.

Vous aviez des larmes alors,
Rêves fous de jeune poëte.
Aux bois, la fanfare des cors,
Pour la chassse une meute prête.
Le Sire altier de Pierrefond,
Chevauchant sous les chênes sombres,
Et le Page avec sa chanson,
Que la nuit couvrait de ses ombres.

C'était le gentil bien-aimé,
De la rêveuse Châtelaine,
Dont le doux baiser parfumé,
Le captivait comme une chaîne.
Effacez-vous vieux Souvenirs !
L'amour a sa fièvre brûlante ;
C'est l'ivresse,… mais ses plaisirs,
Ouvraient une couche sanglante.

Laissez-moi vous revoir encor,
Pont-levis et créneaux de pierre,
Sur les murs ou scintillait l'or,
Je veux regarder la poussière.
Le temps passe sur le granit,
Il creuse aux veines du porphyre ;
Quand il mord, tout s'évanouit,
Le Château, l'homme et son martyre.

UNE SOIRÉE D'AUTOMNE

MÉLODIE A DEUX VOIX

Paroles de M. Louis C. de CHARLEMAGNE,
Musique de J.-J. MASSET.

La musique chez M. MAYAUD, *éd.,* 7, *b. des Italien*

L'astre des nuits répand sur l'onde
Sa pâle et tremblante clarté,
Tout respire une paix profonde,
Et mon cœur seul est agité;
Tandis que le berger repose
Sous le poids des travaux du jour.
Viens cueillir le myrthe et la rose,
Viens avec moi parler d'amour!

Viens voir le ruisseau dans la plaine,
Glisser en longs filets d'argent;
Viens voir à l'ombre du vieux chêne
La blanche écume du torrent;
L'encens de la fleur bocagère
Parfume les bois d'alentour,
Viens folâtrer sur la fougère,
Viens avec moi parler d'amour!

Mais qui peut t'arrêter encore?
Que crains-tu? pourquoi t'alarmer?
Viens près de l'amant qui t'adore
T'enivrer du bonheur d'aimer!
Un doux nuage se balance
Sur le front de la sœur du jour...
Tout est sombre, tout fait silence,
Viens avec moi parler d'amour!

AUJOURD'HUI.

ARIETTE

Paroles de M. E. DÉSCHAMPS, musique de L. CLAPISSON.
La Musique chez L. VIEILLOT, **32**, *r. N.-D.-de-Nazareth.*

Aujourd'hui, royales fêtes
Comme en rêvent les poètes,
Que de roses sur nos têtes,
Que de joie au fond du cœur
Les jardins et les charmilles
Sont peuplés de gais quadrilles,
Sous le masque et les mantilles,
Le plaisir règne en vainqueur.
Aujourd'hui !
Mais demain, oui demain,
Ah ! pour demain peut-être
Bien des ennuis sont en chemin
Ah ! ah !
Non, non, non, non, non, non, non,
Je ne veux pas connaître
Demain !—Ah !
Non, non, non, non, non, non, non,
Je ne veux pas connaître
Demain !—Ah !

Aujourd'hui sans être reine
Je commande en souveraine,
A ma suite, ici, je traîne
Des milliers de désespoirs.

Comme aussi la plus rebelle
Je serai, moi, la plus belle,
Si j'en crois ce qu'on appelle
Les galants et les miroirs
     Aujourd'hui !
   Mais demain, oui demain,
    Ah ! pour demain peut-être
Un cheveu blanc est en chemin !
      Ah ! ah !   Non, non, etc.

Aujourd'hui, quand tout s'empresse
A distraire sa tendresse,
Il me jure avec ivresse
Que le bal n'est rien sans moi.
Dans la valse ardente et folle
Avec lui quand je m'envole,
Il me dit : sur ma parole,
Ton esclave est plus qu'un roi.
     Aujourd'hui !
   Mais demain, oui demain,
    Ah ! pour demain peut-être
Une inconstance est en chemin,
     Ah ! ah !
Non, non, non, non, non, non, non,
   Je ne veux pas connaître
     Demain !
      Ah !
Non, non, non, non, non, non, non,
   Je ne veux pas connaître
     Demain !
      Ah !

LA BAVARDE

CHANSONNETTE.

Chantée par **Mme ALLARD-BLIN**,
Aux concerts de la salle de *Herz*.

Paroles de M. Charles DELANGE,
Musique de M. Paul HENRION.

La Musique chez M. COLOMBIER, édit., 6, rue Vivienne

Voilà bien comme est le monde !
Il n'aime que les caquets
Et distribue à la ronde,
Quolibets et sobriquets !
Êtes-vous d'un autre avis ?
Ça ne vous est pas permis !
On en fait aussi sur vous,
Surtout si vous filez doux.
Chacun bâtit son histoire,
Qui circule et s'embellit ;
Aussi ne faut-il pas croire,
La moitié de ce qu'on dit :
Et comme à beaucoup de gens,
Qui m'apportent des cancans,
Je réponds d'un ton fort sec,
En leur donnant sur le bec !
   Cela fait qu'on dit,
   Que je suis bavarde !

Mais, c'est par dépit ;
Je n'y prends pas garde
Comme il n'en est rien,
Le mieux est d'en rire.
Je les laisse dire,
Et m'en trouve bien !
Quoi, lorsque les gens,
Disent le contraire,
Des évènements ;
Il faudrait se taire.
Non, non, non, ma foi,
C'est plus fort que moi !
Il faut que je parle, parle, parle, parle et dise :
Voici les tenants,
Les aboutissants,
Moi j'ai pour devise :
A bas les cancans !
Aussi, je n'en fais
Jamais !
Non, non, non, non, non, non,   *(bis.)*
Jamais !

L'autre jour, à la fontaine,
Au lavoir, on racontait,
Tout en plaignant Madelaine,
Que son mari la battait.
D'où tenez-vous ce propos ?
Ai-je dit : rien n'est plus faux
C'est j'en ferais le pari,
Elle qui bat son mari.
Puis encor est-ce possible,
La femme du percepteur ;

Est dit-on fort insensible,
Et n'a pas beaucoup de cœur !
J'ai dit : je puis assurer,
Qu'elle n'a fait que pleurer,
Depuis que la garnison,
A quitté notre canton,   Et puis chacun dit, etc.

C'est ce bon fermier Lahure,
Disait-on, qui fait du bien !
J'ai dit : comme il fait l'usure ;
Il en a bien le moyen !
On disait l'ajoint Grivet,
Va souvent au cabaret !
Moi j'ai répondu : mais non ;
Il se grise à la maison !
On soutient que Catherine,
N'avait pas un amoureux !
Quand je sais, moi sa voisine,
Pour le moins, qu'elle en a deux !
On parle à tort, à travers,
Et l'on dit tout à l'envers !
Mais aussi, quand je suis là,
Moi je réponds : c'est comme ça !   Et pourtant, etc

On trouvait par trop coquette,
La fille du maréchal !
Mais, j'ai dit non : la toilette,
La fait paraître moins mal !
Puis, on disait de Bastien :
C'est le seul qui danse bien !
J'ai dit pour lui, c'est heureux,
Car il est bête pour deux !

Enfin ; le garde champêtre,
Disait-on est sans pitié !
Du lapin, j'ai dit peut-être
N'a-t-il pas eu la moitié?
Oui ! voilà c'est fort vilain,
Comme on médit son prochain !
Moi qui suis de bonne foi,
Voyez ce qu'on dit de moi !

Eh ! mon Dieu l'on dit !
Que je suis bavarde !
Mais, c'est par dépit ;
Je n'y prends pas garde
Comme il n'en est rien,
Le mieux est d'en rire.
Je les laisse dire,
Et m'en trouve bien !
Quoi, lorsque les gens,
Disent le contraire,
Des évènements ;
Il faudrait se taire.
Non, non, non, ma foi,
C'est plus fort que moi !
Il faut que je parle, parle, parle, parle et dise :
Voici les tenants,—Les aboutissants,
Moi j'ai pour devise :—A bas les cancans !
Aussi, je n'en fais—Jamais !
Non, non, non, non, non, non, (bis.)
Jamais !

Paris. — L. VIEILLOT, éditeur et seul propriétaire,
32, rue Notre-Dame-de-Nazareth.

Paris. — Imp. de A. Appert, pass. du Caire. 54.

LES
AILES DU TEMPS

SOUVENIRS

Chantés par **M. V. DIDIER**,

Paroles de M. A. CRESSONNIER, musique de M. V. DIDIER

La Musique chez L. VIEILLOT, 32, *r. N.-D.-de-Nazareth.*

Pour un moment, laissons ma rêverie,
Lise, parlons d'un passé toujours cher,
Rapprochons-nous : la douce causerie
Chasse l'ennui de nos longs soirs d'hiver.
Quand les amours habitaient ma couchette,
Nous aurions mieux employé les instants ;
Mais les désirs, ô ma bonne Lisette !
Se sont enfuis sur les ailes du Temps !　　*(bis.)*

J'étais heureux, quand rieuse et légère,
Tu m'entraînais vers le séjour des champs :
Là, que de fois, assis sur la fougère,
En m'écoutant, tu souris à mes chants !
Plus de sortie ! et ma lyre muette
N'a plus d'écho sous mes doigts tremblottants !
Car le plaisir, ô ma bonne Lisette !
S'enfuit aussi sur les ailes du Temps.

Te souvient-il, de ces jours où, ma Lise,
Mes yeux puisaient le bonheur dans tes yeux ?

Mais aujourd'hui, qu'en ton regard je lise,
J'y vois écrit : « Jean , nous sommes bien vieux ! »
Bien vieux ! souvent, ces mots je les répète,
L'âme livrée aux pensers attristants ;
Car le bonheur, ô ma bonne Lisette !
S'enfuit aussi sur les ailes du Temps.

Rappelle-toi, la demeure modeste
Où je te vis pour la première fois :
C'était bien haut ! mais, alors, j'étais leste ;
Que me faisait de loger sous les toits ?
Si presque rien ornait notre chambrette,
Pour la meubler, nous avions nos vingt ans ;
L'illusion, ô ma bonne Lisette !
S'enfuit aussi sur les ailes du Temps.

J'eus des rivaux, Lise, et, s'il faut t'en croire,
Sans me tromper tu savais les charmer.
Il m'en souvient, car j'ai bonne mémoire,
Je te trompais sans cesser de t'aimer,
Je suis fidèle, et tu n'es plus coquette,
Douce amitié nous retrouve constants.
Désir de plaire, ô ma bonne Lisette !
S'enfuit aussi sur les ailes du Temps.

Hélas ! pour nous l'existence s'achève!
Il faut quitter nos rêves d'avenir !
Nous vieillissons, et chaque année enlève
Une espérance et laisse un souvenir.
Le souvenir sur nos vieux jours projette
Un doux reflet de soleil du printemps ;
Mais l'espérance, ô ma bonne Lisette !
S'enfuit aussi sur les ailes du Temps.

PENSE A TA MÈRE.

CHANT DRAMATIQUE.

Paroles de M. Édouard TISSOT,
Musique de M. Ernest MAYER.

La Musique se trouve chez M. CHALLIOT, *éditeur,*
354, rue Saint-Honoré, à Paris.

Sur nos glaciers à la pente rapide,
Tu pars, dis-tu, chasser l'ours endormi !
Mais, cette chasse, enfant, seul et sans guide,
Ah ! c'est la mort ! loin d'un regard ami...

> A ceux dont la chaumière
> Est triste et solitaire,
> Oh! laisse, crois-moi, Pierre,
> Affronter le danger,
> Mais toi, toi, mon bon Pierre,
> Tu n'es pas seul sur terre,
> Pense, oh ! pense à ta mère,
> Que tu dois (*bis*) protéger.

Dans ces glaciers aux routes inconnues,
S'ouvre un abîme à chaque pas nouveau,
Sur le chasseur, souvent du haut des nues
Fond l'avalanche, et c'est un froid tombeau.
> A ceux dont la, etc.

Dans ces glaciers où disparut ton père,
Si tu restais ! qui de moi prendrait soin ?

Le ciel maudit qui fait pleurer sa mère,
Et, vois, je pleure ! oh ! ne vas pas plus loin...
    A ceux dont la chaumière
    Est triste et solitaire,
    Oh ! laisse, crois-moi, Pierre
    Affronter le danger.
    Mais toi, toi, mon bon Pierre,
    Tu n'es pas seul sur terre,
    Pense, oh ! pense à ta mère,
    Que tu dois protéger.

C'EST LA FAUTE AU BON DIEU.

Paroles de M. Émile BARATEAU,
Musique de M. Louis ABADIE.

*La Musique se trouve chez MM. HEUGEL et Cie, édit.,
2 bis, rue Vivienne, à Paris.*

Au bas de la montagne,
Là, dans l'autre vallon,
Habite Madelon,
Ma future compagne !...

Si je ne la vois pas,
De Dieu c'est bien la faute !...
Pourquoi fit-il, hélas !
La montagne si haute
Et le vallon si bas,
Que je ne la vois pas !

Ah! ah! non, je ne la vois pas,
  Ah! je ne la vois pas,
Ah! non, je ne la vois pas!

  La nuit dans chaque rêve,
  En dormant je la voi,
  Le jour, entre elle et moi,
  La montagne s'élève!
    Si je ne la vois, etc.

  Si c'était une plaine,
  Je la verrais d'ici,
  Et de là-bas aussi
  Me verrait Madeleine!...
    Si je ne la vois, etc.

  Pour aplanir l'obstacle
  Qui la cache à mes yeux,
  Mon Dieu du haut des cieux
  Envoyez un miracle!...

  Vous le pouvez d'un mot,
  Je le demande en grâce!...
  Ah! faites qu'aussitôt
  La montagne soit basse
  Ou le vallon bien haut,
  Pour la voir au plus tôt!
Oh! oh! pour la voir au plus tôt,
    La voir au plus tôt,
  Pour la voir au plus tôt!

TU NE L'AS PAS VOULU

MÉLODIE

Paroles de M. Hippolyte RAYNAL,
Musique de M. LÉON.

La Musique se trouve chez L. VIEILLOT, *éditeur,*
32, rue Notre-Dame-de-Nazareth, à Paris.

Si tu l'avais voulu, ta beauté, que j'adore,
Enfin aurait fixé mon cœur irrésolu ;
Ma foi dans l'avenir pouvait renaître encore.
Adieu, songes d'amour que l'espérance dore :
    Tu ne l'as pas voulu !

Si tu l'avais voulu, charme de ma pensée,
Tu prenais sur mon sort un empire absolu ;
Chassant le doute amer de mon âme insensée
Comme un ange du ciel je t'aurais encensée :
    Tu ne l'as pas voulu !

Si tu l'avais voulu, juge de ma faiblesse !
Ta loi, sur mes désirs, eût toujours prévalu :
Ainsi l'enfant aimé qu'une main tient en laisse
Borne ses pas tremblants au trajet qu'on lui laisse.
    Tu ne l'as pas voulu !

Si tu l'avais voulu, faisant douce ta vie
Jusqu'au terme fatal à chacun dévolu,
Sans t'isoler jamais de mon âme ravie,
Je t'aurais, dans les cieux, précédée ou suivie.
    Tu ne l'as pas voulu !

LA LEÇON DE GRAMMAIRE

CHANSONNETTE.

Chantée par **M⁻ LEFÉBURE - WÉLY**,
Aux concerts de la salle de Herz.

Paroles de M. Charles DELANGE,
Musique de M. Paul HENRION.

La Musique chez M. COLOMBIER, *édit., 6, rue Vivienne.*

Allons ! venez Rose, ma chère,
Prendre une leçon de grammaire,
Dans le français, à dix-sept ans,
Vous faites bien des contre-sens !
Vous devriez, pour mon école,
Etre un sujet surnaturel !
Ah ! dit Rose, quoique frivole,
Je sais le *Pronom personnel.*

    Quand tu me dis *vous*
    Ça ne me plaît guère,
    Car cela, cher père,
    Marque ton courroux.
    C'est une caresse
    Quand tu me dis *toi,*
    Presqu'une promesse
    D'être bon pour moi !

—Allons ! voyons mademoiselle,
Si votre mémoire est fidèle ;

Vous souvient-il que l'*Adjectif*
S'accorde avec le *Substantif?*
Ainsi je dis : Rose est gentille,
Cet *Adjectif*, que fait-il là ?
—Mais, répond Rose qui sautille,
Cher père, je savais bien ça !

> On m'a dit déjà
> Que j'étais gentille;
> Une jeune fille
> Se souvient de ça !
> Et si la grammaire
> Est de cet avis,
> Elle et moi, cher père,
> Serons bons amis !

       } *bis.*

—Du *Verbe* voyons l'analyse !
Le *Verbe* en trois temps se divise :
Qu'entendez-vous par le *Présent?*
Mais, dit Rose, cela dépend :
C'est ce qu'on fait au moment même,
Ou bien encor c'est un cadeau
Que vous fait quelqu'un qui vous aime,
Tant mieux si le présent est beau.

> Ça me fait penser
> Que ces demoiselles,
> Plus que moi sont belles
> Pour aller danser.
> Et, sûr de me plaire,
> Tout en m'instruisant,
> Tu devrais me faire
> Un joli présent?

       } *bis.*

Le magister se mit à rire
Rose, voyons, que peux-tu dire
Soit du *Passé*, soit du *Futur*,
Rien de meilleur, j'en suis bien sûr.
Le *Passé*, grâce à toi, dit Rose,
Pour moi fut doux et sans désir,
Et, tranquille, je me repose,
Sur Dieu du soin de l'avenir.

Mais que mon *Futur*,
Si je me marie,
Papa, je t'en prie,
Ne soit pas trop mûr.
Laisse à la grammaire
Le *Futur passé*,
Dans ce cas, cher père,
Ça n'est pas pressé !

} *bis.*

RÊVERIES DU SOIR.

(L'ISOLEMENT.)

Paroles de M. Crevel DE CHARLEMAGNE,
Musique de M. Camille DE VOS.

La Musique chez M. CHALLIOT, *éd.*, 354, *rue St-Honoré.*

Le frais zéphir agite le feuillage,
Près du ruisseau frémit la fleur,
Le rossignol reprend son gai ramage.
Et tout renait pour le bonheur !
Moi seul, hélas, brisé par la souffrance,
J'offre une plainte au Roi du ciel :

N'est-il donc plus pour moi d'autre espérance
   Que dans le sein de l'Éternel ?
  Dieu tout puissant, Dieu tutélaire,
   Jette un regard sur ma douleur ;
  Reçois mes vœux et ma prière,
   J'espère encor en ta faveur !   } *bis*
   J'espère encor en ta faveur !

A l'horizon la sœur du jour se lève,
  De son flambeau l'éclat du jour est pur ;
Le flot joyeux murmure sur la grève,
  Le firmament brille d'azur !
Mille astres d'or y scintillent sans voile
  Pour diriger les pélerins,
Mais c'est en vain que j'y cherche l'étoile
  Qui doit briller sur mes destins.!
   Dieu tout puissant, etc.

Autour de moi, tout enfin est tranquille,
  Tout se recueille et tout s'endort,
L'oiseau se tait, la fleur reste immobile,
  La vague expire sur le bord.
Un pur sommeil sur la nature entière
  Répand au loin ses doux pavots,
Seul, je ne puis y livrer ma paupière,
  N'est-il pour moi plus de repos ?

  Dieu tout puissant, Dieu tutélaire,
   Jette un regard sur ma douleur ;
  Reçois mes vœux et ma prière,
   J'espère encor en ta faveur !   } *bis.*
   J'espère encor en ta faveur !

LE BAVARD.

CHANSON

Chantée par **BERTHELIER**, de l'Opéra-Comique,

Paroles de M. J.-F. JOBERT, musique d'E. MONIOT.

La musique se trouve chez M. PETIT édit., Galerie Montpensier, 60, Palais-Royal.

Pauvre bavard de ta race maudite,
Je me proclame enfin le défenseur ;
Qu! blâmerait en ce jour ma conduite,
Je te défends, mais c'est avec honneur.
Je sais aussi quel devoir je m'impose,
En me rangeant sous ton frêle étendard,
Moi-même, hélas ! je sers ma propre cause,
　　Je suis bavard, je suis bavard.
Je suis bavard, vraiment je suis bavard.　　*(bis.)*

Je suis bavard, s'il faut de ma patrie
Vanter les arts et leurs nombreux bienfaits ;
Je suis bavard, et ma voix attendrie,
Avec orgueil dit nos anciens succès.
Nobles guerriers, les gloires de la France,
Vous êtes grands comme l'était Bayard.
Pour vous chanter, à défaut d'éloquence,
　　Je suis bavard, je suis bavard, etc.

Je suis bavard près de femme jolie,
Je suis bavard quand je parle d'amour,
Je suis bavard près de ma jeune amie,
Je suis bavard, le serai chaque jour,
Même invité dans un banquet aimable,
Lorsque des dieux on verse le nectar,
Le feu me gagne et voilà qu'à la table
    Je suis bavard, je suis bavard, etc.

Je suis bavard quand la faible innocence
Vient près de moi réclamer un appui :
Pour un tel but, chacun ici je pense,
Serait bavard autant que je le sui.
Je suis bavard quand la triste misère
Vient implorer le denier du richard,
Pour le fléchir, toujours dans ma prière,
    Je suis bavard, je suis bavard, etc.

C'en est donc fait s'est enfui mon jeune âge,
Et sur mon front je vois des cheveux blancs,
De l'avenir ce sinistre présage
Ne trouble pas la gaîté de mes chants.
Le vieux Caron pour les demeures sombres,
Ne doit venir me chercher que bien tard,
Qu'irais-je faire au royaume des ombres?
    Je suis bavard, je suis bavard,
Je suis bavard, vraiment je suis bavard.   (bis.)

Paris. — *L. VIEILLOT, éditeur et seul propriétaire,*
32, *rue Notre-Dame-de-Nazareth.*

Paris. — Imprimerie **A. Appert**, passage du Caire, 66.

LES JOLIS PANTINS

CHANSONNETTE

Chantée par **BERTHELIER**, de l'Opéra-Comique,
Aux concerts du Ménestrel.

Paroles de M. Marc CONSTANTIN,
Musique de Louis ABADIE.

La Musique se trouve chez MM. HEUGEL et Cie, *édit.,*
2 bis, rue Vivienne, à Paris.

Près de Chambéry, dans notre village
Ma mère en pleurant un matin me dit :
Mon enfant, vois-tu, nous manquons d'ouvrage,
Il faut nous quitter mon pauvre petit,
Mon pauvre bibi, mon pauvre chéri !
Prends ce tambourin, ce fifre de pâtre
Et vas à Paris vers ces lieux lointains,
La planche de bois sera ton théâtre
Pour faire danser tes jolis pantins...

    Pantins que vous êtes
    Dansez mes amours,
    De vos pirouettes   *(bis.)*
    L'on rira toujours !

A chacun son goût, je connais le monde :
J'ai pour la grisette un commis marchand,
Pour la grande dame un nouveau Joconde
Pour la chambrière un galant sergent,
Un charmant sergent, bien gentil sergent ;
Mon vieux financier s'adresse aux danseuses,
Mes reines Margot vont aux carabins,
J'ai plus d'un dandy pour vos merveilleuses,
Pour vos beaux parleurs j'ai mes arlequins.
      Pantins que vous êtes, etc.

Savez-vous comment sont faits mes artistes
Je leurs mets d'abord des habits de choix :
Bourgeois ou docteurs, banquiers ou banquistes
Ont riche parure et tête de bois.   (bis.)
Tous pour quelques sous dansent sur ma corde
Tant que le public est en belle humeur !
Mais je suis aussi sans miséricorde,
Sitôt que l'un d'eux tombe en défaveur.
      Pantins que vous êtes, etc.

Dès qu'ils ont dansé la pièce est finie,
Et tous mes acteurs sont mis de côté,
Lorsqu'on a bien ri de leur comédie
Je compte l'argent qu'ils m'ont rapporté.   (bis.)
Cet argent, vois-tu, c'est pour toi ma mère,
Car je reverrai bientôt le pays,
Et nous redirons dans notre chaumière
Ce refrain joyeux qui charmait Paris :
        Pantins que vous êtes
        Dansez mes amours,   (bis.)
        De vos pirouettes
        L'on rira toujours !

JEANNETON

CHANSONNETTE

Paroles de M. Marc CONSTANTIN,
Musique de M. Charles HAAS.

*La musique se trouve chez M. COTELLE, éditeur,
3, rue Jean-Jacques-Rousseau.*

Il était une jeune fille,
Pleine de grâce et de beauté
Chacun la trouvait si gentille,
Qu'un seigneur de Sa Majesté,
Lui dit : Je t'aime, en vérité !
Viens, quitte les champs et l'ombrage
Pour des tapis soyeux et doux.
Non, Monsieur, dans notre village,
Je n'étions pas faite pour vous !
Non, Monsieur, dans notre village
Je n'étions pas faite pour vous.

} *bis.*

A la cour, riche souveraine,
Chacun voudra n'aimer que toi,
Tu seras autant que la reine
Et plus que reine pour le roi !
Oui, plus que reine pour le roi !
Tiens, prends cet anneau d'or pour gage,

Qu'ici je te donne à genoux ;
Non, Monsieur, car en mariage
Je n'étions pas faite pour vous,

—Puisque ton cœur est inflexible
Je vais me tuer sous tes yeux !
Peut-être seras-tu sensible,
A mon désespoir amoureux   (*bis.*)
—Vous tuer serait grand dommage,
Je craignons peu ce grand courroux ;
Mais, si vous partez, bon voyage,
Je n'étions pas faite pour vous,
Et si vous partez, bon voyage,   }
J' n'étions pas faite pour vous.   } *bis.*

SAPHO

(Dernier chant.)

SCÈNE LYRIQUE.

Paroles de M. Ed. Plouvier, musique de L. Bordèse.

La Musique se trouve chez MM. Heugel *et* Ci*, édit.,
2 bis, rue Vivienne, à Paris.*

Cap tant chanté de la mer d'Ionie
Où les amants trahis viennent finir,
Inspire moi ma dernière harmonie
Cap de Leucade (*bis*), à toi mon souvenir !

Rien ne peut plus m'attacher à la terre,
Car sans Phaon il n'est plus d'avenir,
Quand l'âme meurt la lyre doit se taire
A toi, Leucade, à toi mon souvenir.

Contrée encor chérie
Où s'ouvrirent mes yeux,
Lesbos : ô ma patrie
Ile si chère aux dieux !
Je fuis vos vertes plages
Où j'essayais mes pas,
Pour les sombres rivages
D'où l'on ne revient pas.   (*bis.*)
Le vent fatal qui vient du fond de l'Occident
Me pousse vers le Styx, et j'y tombe, et j'y tombe en chantant

O douce mytilène
Assise entre deux mers,
Que le flot te ramène
Tous mes regrets amers
Et reprends ma couronne
Prise au sacré vallon
Ah !
Que ma lyre abandonne
Les concerts d'Apollon   (*bis.*)
Le vent fatal qui vient du fond de l'Occident
Me pousse vers le Styx, et j'y tombe, et j'y tombe en chantant

TU NE L'AS PAS VOULU

MÉLODIE.

Paroles et musique de Mme MOLINOS-LAFFITTE.

*La Musique se trouve chez MM. HEUGEL et Cie, édit.,
2 bis, rue Vivienne, à Paris.*

Tu ne l'as pas voulu ce trésor de la vie,
Cet amour que le ciel avait formé pour toi ;
Tu ne l'as pas compris ce bien que l'âme envie,
Un cœur ardent et pur qui t'eût gardé sa foi :
    Tu ne l'as pas voulu,
  Non, non, non, non, tu ne l'as pas voulu.

Tu ne l'as pas voulu, quand triste et solitaire,
Le sort t'aura jeté son tribut de douleur,
J'aurais bu la moitié de cette coupe amère
Et j'aurais effacé tes larmes sous mes pleurs ;
    Tu ne l'as pas voulu,
  Non, non, non, non, tu ne l'as pas voulu.

Tu ne l'as pas voulu, que me fait la fortune,
Que me font les plaisirs, vains sourires d'un jour ;
Ma vie est sans espoir, elle m'est importune,
Elle eût été si belle avec ton seul amour ;
    Tu ne l'as pas voulu,
  Non, non, non, non, tu ne l'as pas voulu.

UNE DAME PATRONNESSE

CHANSONNETTE

Chantée par M⁰ **IWEINS-D'HENNIN**,

Aux concerts du *Ménestrel*.

Paroles et musique de M. Edmond LHUILLIER.

La musique chez **M. J. MEISSONNIER Fils,** *éditeur,*
18, *rue Dauphine,* à *Paris.*

A la dame patronnesse,
Donnez pour les malheureux,
Pour eux je quête sans cesse
Et je redis en tous lieux :
Donnez, donnez aux malheureux,
Venez en aide aux malheureux !

Dès que vient l'hiver, pour eux j'organise
Spectacles, raouts, concerts et sermons,
Je quête partout, au bal, à l'église,
Pour faire le bien, tous moyens sont bons ;
J'ai toujours sur moi, d'une loterie,
Des billets en masse, et pour les placer
Je suis sans pitié: la bourse ou la vie,
Criai-je à chacun ! Il faut financer,
Et nul, croyez-le, ne peut résister ;
Quand, d'un ton si doux, je viens répéter :
   A la dame, etc.

Un jour que j'étais quêteuse à l'église
Un jeune lion dit en me donnant :
« C'est pour vos beaux yeux, charmante marquise ! »
Moi, sans me troubler, je pris son argent :
Puis, faisant bien bas une révérence,
Je lui répondis : merci pour mes yeux ;
A présent, pardon si je recommence,
Voulez-vous donner pour mes malheureux ?
« Sa bourse y passa ! » Qui donc franchement
Ainsi pris au piège, eût fait autrement.
     A la dame, etc.

Pour mes protégés fait-on une vente,
Je brille aussitôt derrière un comptoir !
Et, là, je déploie un art, une entente,
On devra payer, rien que pour me voir.
Certain prince, un soir, près de moi s'arrête,
Et, montrant du doigt un petit bouquet
Mis dans ma ceinture, il me dit : « J'achète
Ces fleurs, vendez-les, et c'est marché fait ! »
Je n'hésitai pas, puis les lui donnant,
Je dis : « mille écus ! » il paya comptant.
     A la dame, etc.

Votre superflu, c'est leur nécessaire,
Riches, donnez donc sans compter, hélas !
Si vous soupçonniez l'horrible misère,
Les pauvres honteux qu'on ne connaît pas ?
Puis, d'ailleurs, l'argent qu'ici je demande,
En plaisir, pour vous, va se convertir ;
Le riche, en faisant au pauvre une offrande,
Trouve encor moyen de se divertir ;

On gagne le ciel tout en s'amusant,
C'est placer l'argent à mille pour cent.
    A la dame patronnesse,
    Donnez pour les malheureux,
    Pour eux je quête sans cesse
    Et je redis en tous lieux :
    Donnez, donnez aux malheureux,
    Venez en aide aux malheureux !

MURILLO

OU LE PEINTRE MENDIANT UN MODÈLE.

BALLADE

Paroles de M. Aylic LANGLÉ,

Musique de M. G. MEYERBEER.

La Musique se trouve chez MM. BEUGEL et Cie, édit
2 bis, rue Vivienne, à Paris.

O vous céleste modèle !
    La plus belle
Sénora du vieux château !
Regard au peintre qui passe   } *bis.*
    Dans l'espace,
Aumône au pauvre pinceau !   (*bis.*)
    Ah ! ah ! ah ! ah !

Chaque pauvre à qui l'on donne
    Son aumône,
Dit : « Je prierai Dieu pour vous ! »
Pour vous je ferai, doux ange,
    En échange,   } bis.
Prier l'Espagne à genoux.   (bis.)
    Ah ! ah ! ah ! ah !

Poursuivez votre pensée
    Commencée,
Qui, sur votre front se peint,
Je veux y ravir votre âme
    Et sa flamme
Pour ma vierge au chérubin.
    Ah ! ah ! ah ! ah !

Restez, Dieu veut son obole
    Blanche idole,
Faites-lui la charité !
L'âme est pure et la prière
    Plus légère
Priant devant la beauté !
    Ah ! ah ! ah ! ah ! ah !

Voyez, mon pinceau rayonne !
    La madone
Vers lui s'élance, et c'est vous !
C'est vous ! je ferai, doux ange,
    En échange,   } bis.
Prier l'Espagne à genoux.   (bis.)
    Ah ! ah ! ah ! ah ! ah !

ÇA S'RA BEN FAIT
POUR VOUS.

BOUTADE VILLAGEOISE

Chantée par **BERTHELIER**, de l'Opéra-Comique,

Aux concerts du *Ménestrel.*

Paroles de M. Alexis DALÈS,

Musique de M. A. MARQUERIE.

*La Musique se trouve chez M. CHALLIOT, éditeur,
354, rue Saint-Honoré, à Paris.*

◄O►

Ça s'rait t'y vrai, mam' zell' Gertrude?
Où suis-je induit dedans l'erreur,
D' vous aimer moi qu' j'ai l'habitude
Vous me refusez votre cœur.
S'il se peut qu' vous soilliez rebelle
A mes sentiments qu'est si doux,
J' vous en aim' rai pas moins mam' zelle ⎱
Du moins ça s' ra ben fait pour vous ! ⎰ *bis.*

C'est résolu, faut pas que j' garde
Ma brebis, qu' j'aimais tendrement !
J' pense à vous quand je la regarde
Et ça redouble mon tourment.
Sachez que j'ai mis dans ma tête
De n' plus la préserver des loups,
J' laiss' rai croquer c' t' innocent' bête ! } *bis.*
Du moins ça s' ra ben fait pour vous '...

C' en est fait, j' quittons ma chaumière,
Ma vieille mère et mes amis !
J' m'en vas m' faire soldat militaire,
J' pouvons plus rester au pays.
J'irai sur un lointain rivage
Pisque j' peux pas êtr' votr' époux,
M'unir avec un' femm' sauvage, } *bis.*
Du moins, ça s' ra ben fait pour vous '..

Au fait.., non... je reste au village,
A la santé d' vot' trahison,
J' m'en vas boire un grand verr' d' breuvage
Dans quoi qu' j'y mettrai de la poison !...
Et le jour de vos fiançailles
Loin d'êtr' troublé par un jaloux,
Ça s' ra celui d' mes funérailles !... } *bis.*
Du moins, ça s' ra ben fait pour vous !...

Paris. — L. VIEILLOT, éditeur et seul propriétaire,
32, rue Notre-Dame-de-Nazareth.

Paris. — Imprimerie **A. Appert**, passage du Caire, 56.

LE
DERNIER BAISER.

MÉLODIE

Chantée par **M. RENARD**, de l'Opéra.

Paroles de M. V. DUMAREST, Musique de J. COUPLET.

La musique chez L. VIEILLOT, 32, *r. N.-D.-de-Nazareth.*

Avant de s'embarquer pour un lointain voyage
A tout ce qu'il aimait le marin dit adieu,
Moi je n'aime que vous, et je meurs. Du courage!
Nous nous retrouverons un jour auprès de Dieu.
Ne craignez rien, Marie, ô ma blanche colombe!
Notre secret est là, dans mon cœur renfermé.
J'emporte mon amour avec moi dans la tombe,
Nul ne saura jamais que vous m'avez aimé !
J'emporte mon amour avec moi dans la tombe,
Nul ne saura jamais, non jamais, que vous m'avez aimé.

Le monde est si méchant qu'il vous ferait un crime
D'avoir à ma tendresse un instant répondu :
Je ne veux pas qu'un jour vous soyez sa victime
Il ne reste plus rien de cet amour perdu!
On ne trouvera point demain, si je succombe,
Votre portrait chéri... le feu l'a consumé...
    J'emporte, etc.

Allons, embrassez-moi, ne pleurez pas, Marie,
Au chevet du mourant, ah ! si l'on vous trouvait ;
Ne pleurez pas, au monde il faut que l'on sourie,
Plus qu'un baiser, cher ange, et quittez mon chevet.
Demain, au cimetière, à l'heure où le jour tombe,
Venez revoir celui que vous avez charmé.
J'emporte mon amour avec moi dans la tombe,
Nul ne saura jamais que vous m'avez aimé !
J'emporte mon amour avec moi dans la tombe,
Nul ne saura jamais, non jamais, que vous m'avez aimé.

L'OCÉAN

MARINE.

Paroles de M. Marc CONSTANTIN ;
Musique de M. Félicien DAVID.

La Musique chez M. CHALLIOT, *éd., 334, rue St-Honoré.*

Je suis de quart !
La mer est belle...
Il étincelle
Mon paquebot.
Dors, matelot,
Dors, il est tard,   (*bis*)
Dors !

Je suis de quart !
Calme, immobile,
Rêve tranquille
Jusqu'à demain ;
Brave marin,
Dors, il est tard,   (*bis*)
Dors !

Je suis de quart !
Déjà la brise
Court et se brise
Sur le rocher.
Dors, ô rocher !
Dors, il est tard,   (*bis*)
        Dors !

Je suis de quart !
Mais mon navire
Semble se rire
Des flots amers
Sous les éclairs...
Dors, il est tard,   (*bis*)
        Dors !

Au quart ! au quart !
L'onde en furie
Gémit et crie ;
Sur le rocher
L'on va toucher !
Enfants, au quart !
L'onde en furie
Gémit et crie ;
Sur le rocher
L'on va toucher !...
C'était trop tard,
Car la tempête
Montra sa tête,
Et le vaisseau
Sombra sous l'eau...
C'était trop tard !

LA
SIRÈNE DE PARIS.

RONDE

chantée dans le Drame de ce nom,

Au théâtre de l'Ambigu-Comique,

Paroles de MM. Édouard GRANGE et Xavier MONTÉPIN,

Musique de M. Alexandre ARTUS.

La Musique chez MM. IKELMER et C°, 11, r. Rougemont

∘⟨❀⟩∘

Une beauté mystérieuse
   Est à Paris, dit-on,
Dont la puissance est merveilleuse,
   Dont nul ne sait le nom.
Craignez sa grâce souveraine ;
Craignez sa voix et son souris,
Car cette femme est la sirène,
   La sirène de Paris !
Ah ! prenez garde à la sirène,
   La sirène de Paris !   } *bis*

Comme les filles de Sicile,
   Par des charmes vainqueurs,

Domptant l'amant le moins docile,
    Elle attire les cœurs;
Dans son antre elle vous entraîne,
Et pour toujours vous voilà pris,
    Car cette femme est, etc.

Est-elle brune? est-elle blonde?
    Nul n'a pu le savoir...
La mort est là faisant sa ronde
    Autour de son boudoir.
Son amour tue mieux que sa haine
Ceux que ses charmes ont surpris,
    Car cette femme est, etc.

Et l'on voit des ombres errantes,
    A la fin d'un beau jour,
Flotter, dans les clartés tremblantes,
    En soupirant d'amour...
Spectres implorant l'inhumaine,
Dont vivants ils furent épris,
Et murmurant : c'est la sirène,
    La sirène de Paris !
Ah ! prenez garde à la sirène,   }
    La sirène de Paris !   } bis.

LE PORTRAIT DE MA MÈRE

ROMANCE.

Paroles de M. J. BOULMIER ; musique de M. É. ARNAUD.
La Musique chez MM. IKELMER et C°, 11, r. Rougemont

Un ange aux doux regards, sous les traits d'une femme,
Penché sur mon berceau, veillait avec amour…
Cet ange a disparu… mais au fond de mon âme
J'ai l'espérance encor de la revoir un jour.
Ce rêve caressant n'est pas une chimère,
C'est une voix du ciel qui parle dans mon cœur…
En attendant, j'ai là le portrait de ma mère ;
C'est mon plus cher trésor, c'est mon plus grand bonheur

Voilà mon souvenir, voilà mon espérance…
Ma mère est toujours là… non, je ne crains plus rien…
Je la sens près de moi comme une Providence,
Et pour lui ressembler, ce soir j'ai fait du bien.
Ma pauvreté peut donc enrichir la misère !…
Oh ! je suis revenue avec la joie au cœur…
Et quand j'ai regardé le portrait de ma mère,
Il m'a semblé la voir sourire avec bonheur.

Tout bas je déplorais ma solitude extrême…
Personne autour de moi, personne pour m'aimer !
Quand une douce voix m'a dit ces mots : Je t'aime !
Et j'ai senti bientôt mon cœur se ranimer.
Tremblant de m'abuser, j'ai fait une prière,
On m'avait dit souvent que l'amour est trompeur…
Alors j'ai consulté le portrait de ma mère,
Et son regard divin m'a promis le bonheur !

LA
RICHESSE DU PAUVRE

CHANSONNETTE RUSTIQUE

Chantée par **M. DIDIER**,
Aux concerts de l'*Eldorado*.

Paroles et musique de MAHIET de la CHESNERAYE.

La Musique se trouve chez L. VIEILLOT, *éditeur,*
32, *rue Notre-Dame-de-Nazareth, à Paris.*

Dans un vallon étroit,
Au fond d'une clairière,
Je connais un vieux toit
Qu'envahit un grand lierre.
Sous l'abri verdoyant
Dont la porte est enclose,
La gaîté, souriant,
Passe sa tête rose ;
Elle parle au passant,
L'arrête et lui soupire...
Le bonheur qu'on désire,   }
Ici se donne sans argent,   } *bis.*

Là, tout près, le ruisseau
Où boit la paquerette,
Où se mire l'oiseau
Pour faire sa toilette ;

La brise, les grillons,
L'abeille qui bourdonne,
La fleur qui des buissons
Fait la blanche couronne,
Semblent dans un doux chant
Parler d'amour, et dire :
Le bonheur qu'on désire
Ici se donne sans argent.

Ce toit, c'est un moulin,
Qui voit sous son arcade
Passer le flot câlin
D'une blanche cascade !
Il a pour habitants
Le meûnier, la meûnière
Et deux petits enfants,
Frais, blonds comme leur mère ;
Rien qu'en les regardant
On lit dans leur sourire :
Le bonheur qu'on désire
Ici se donne sans argent.

Oh ! qu'elle est douce aux pieds
La marche hospitalière
Qui conduit aux halliers
De la bonne meûnière ;
Le pauvre du hameau
Y trouve un pain, un siége,
Et le gai passereau
Du grain pendant la neige,

Puis au ciel s'envolant,
Au bon Dieu va redire :
Le bonheur qu'on désire
Ici se donne sans argent.

Quand viennent des amis,
Du meûnier c'est le fête ;
Vite, un couvert est mis,
On saigne une feuillette,
On trinque à qui mieux mieux ;
L'oubli naît sous l'ivresse,
Et chacun est joyeux
De sa pauvre richesse.
On entonne ce chant
Que l'écho va redire :
Le bonheur qu'on désire
Ici se donne sans argent.

Mais quand dans le brouillard
D'une nuit bien profonde,
Le moulin babillard
Dort à cheval sur l'onde,
Sur le trou du volet
Si fillette qui veille
Pour surprendre un secret,
Applique son oreille,
Les baisers qu'elle entend,
Pensive, lui font dire :
Le bonheur qu'on désire
Ici se donne sans argent.   } *bis.*

L'HEUREUX PÊCHEUR

BARCAROLLE

Chantée par **M. V. DIDIER**,
Aux concerts de l'*Eldorado*.

Paroles de M. A. ISNARD, musique de M. E. MERLE.

*La Musique se trouve chez M. CHALLIOT, éditeur,
354, rue Saint-Honoré, à Paris.*

Plus légère que l'hirondelle,
Comme ma gentille nacelle
Glisse avec grâce sur les eaux;
Elle bondit, fière et coquette,
Semblant défier la tempête
Et le choc terrible des flots.
Tra la la la.
Seul au milieu de l'onde,
Quand je vogue, ma foi!
Le plus grand roi du monde
Est moins heureux que moi!
Tra la la la la la, tra la la la la la.   (*bis.*)

Je ne possède pour richesse
Que Nina, ma belle maîtresse,
Mes filets, ma nacelle et Dieu;
Mais qu'a-t-il besoin de fortune
Celui que le monde importune,
Et qui se contente de peu?
Tra la la la, etc.

Qu'après une gloire éphémère,
Les ambitieux de la terre,
Insensés! passent tous leurs jours;
Piétro le pêcheur est plus sage,
En dépit du vent, de l'orage,
Joyeux, il répète toujours :
    Tra la la la.
    Seul au milieu de l'onde,
    Quand je vogue, ma foi !
    Le plus grand roi du monde
    Est moins heureux que moi.
Tra la la la la la, tra la la la la la la.   (*bis.*)

ENCORE A TOI

MÉLODIE.

Poésie et musique du chevalier Gaston d'Albano.

*La Musique se trouve chez M. Challiot, éditeur,
351, rue Saint-Honoré, à Paris.*

A MA MÈRE.

Heureux celui qui vit dans un modeste asile.
Loin d'un monde trompeur qui ne l'a pas charmé !
Et qui savoure en paix sa joie humble et tranquille,
Près de l'objet qu'il aime, et dont il est aimé.

Mon bonheur est en toi,
En toi seule, ô ma mère!
Car je sens que sur terre
Ta joie est tout en moi !

          } *bis.*

Pourquoi demander plus que ce que Dieu nous donne?
Dieu qui sait mieux que nous veille au divin séjour,
Et réchauffe les cœurs que la paix environne
D'un rayon de soleil ou d'un rayon d'amour!
       Mon bonheur, etc.

Cette existence à l'ombre est le bonheur suprême,
Gardez-la moi, Seigneur ! il n'est rien de plus doux
Que de passer sa vie à chérir qui nous aime,
Et de devoir sa joie à qui la tient de nous !

Mon bonheur est en toi,
En toi seule, ô ma mère !
Car je sens que sur terre
Ta joie est tout en moi ;

          } *bis.*

Paris. — *L. VIEILLOT, éditeur et seul propriétaire,*
    32, rue Notre-Dame-de-Nazareth

Paris. — Imprimerie A. Appert, passage du Caire, 56.

LA PETITE
OUVRIÈRE

CONSEILS

Chantés par **M. V. DIDIER,**
Aux concerts de l'*Eldorado*.

Parcles de M. J.-F. BAILLY, musique de M. V. DIDIER.
La Musique chez L. VIEILLOT, 32, *r. N.-D.-de-Nazareth.*

Lève-toi, petite ouvrière,
Le soleil frappe à tes vitraux,
Et déjà sa vive lumière
Se joue aux plis de tes rideaux.
Allons, reprends ta chansonnette
Dont la nuit suspendit le cours,   } *bis.*
Et gaîment, abeille ou fauvette,
Pauvre enfant, travaille toujours,   } *bis.*
   Travaille toujours!   (*bis.*)

Sous les larmes de la tristesse,
Tes yeux pourront-ils se ternir !
L'espérance, qui te caresse,
Berce tes rêves d'avenir.

Le front penché sur ton ouvrage,
Ta prière est pour tes beaux jours !...
Le ciel s'ouvre au cri du courage :
    Pauvre enfant, etc.

Loin du riche, que rassasie
La fortune au souris moqueur,
Le travail a sa poésie
Qui grandit et l'âme et le cœur.
Et lorsqu'en sa coupe brisée,'
Le grand cherche en vain un secours,
La fleur des champs a sa rosée :
    Pauvre enfant, etc.

Parfois en des songes frivoles,
L'esprit égaré par les sens,
Tu vois au feu des girandoles
Le monde t'offrir son encens.
Va, plus on le voit, moins il brille,
Ce monde aux fragiles atours ;
Son contact émousse l'aiguille :
    Pauvre enfant, etc.

Parfois, comme un astre sans voile
Qui s'allume aux champs de l'azur,
Le plaisir scintille en étoile
Dans ton horizon toujours pur.
Du temps qui fuit à tire-d'aile,
Alors les instants sont bien courts !
A seize ans, la vie est si belle!
    Pauvre enfant, etc.

Hé quoi ! tu sembles soucieuse,
Un soupir soulève ton sein ;
Aimerais-tu, chaste rêveuse ?
Aimer... c'est la vertu d'un saint.
Au foyer du cœur qui s'épanche,
Dieu mit le berceau des amours ;
Mais pour gagner ta robe blanche.
        Pauvre enfant, etc.

En s'admirant dans ta sagesse,
Ta mère, assise à tes côtés,
Bénit, dans son heureuse ivresse,
Les ans qui te seront comptés.
Oh ! l'amour n'est point éphémère,   ⎞ bis.
Chez cet ange aux yeux de velours ?   ⎠
Un jour aussi tu seras mère :   ⎞ bis.
Pauvre enfant, travaille toujours,   ⎠
        Travaille toujours.   (bis.)

OR, DEVINEZ !

CHANSONNETTE

Paroles de M. Victor MABILLE, musique de M. A. THYS.
La Musique chez L. VIEILLOT, 32, *r. N.-D.-de-Nazareth.*

            A Madame LAGRYE.

A leur balcon, trois jeunes filles,
Viennent s'asseoir tous les matins,

On voit briller sous leurs mantilles
Des cheveux noirs, blonds et châtains.   (*bis.*)
Or, devinez la plus jolie :
Le nom de la brune est Marie,
L'autre est Anna, sa sœur,
        Sa sœur...
Mais la plus belle est mon amie,
Je garde son nom pour mon cœur.   (*bis.*)

Trois belles fleurs dans la vallée,
Sous le zéphir, chaque matin,
Ouvrent leur corole étoilée,
Leur front de pourpre et de satin.   (*bis.*)
Or, devinez la plus jolie,
C'est une grenade brunie
Avec un lys pâle et rêveur,
        Et rêveur...
L'autre est la fleur de mon amie,
Je garde son nom pour mon cœur.   } *bis.*

Trois beaux anges à l'aile rose
Toutes les nuits me viennent voir,
Puis sur mon cœur leur main se pose
Et leur lèvre me dit : espoir.   (*bis.*)
Or, devinez lequel je prie :
C'est Raphaël le bon génie
Et Gabriel l'ange sauveur,
        L'ange sauveur...
L'autre est celui de mon amie,
Je garde son nom pour mon cœur.   } *bis.*

LE PUPILLE DE LA GARDE

RONDEAU

Paroles de M. Henri THIERY.

AIR DE *la Corde sensible.*

Quand l'Empereur, dans les hasards des guerres,
Faisait planer son aigle triomphant,
Avec orgueil, il disait à nos pères :
Allez, soldats, la gloire vous attend !

Sous les drapeaux criblés par la mitraille,
Tous ils marchaient en valeureux soldats ;
Tous ils marchaient. mais après la bataille,
Beaucoup d'entre eux ne se relevaient pas.

Pour consoler leur âme endolorie,
Il dit alors : Soldats, mourez en paix !
Vos fils seront les fils de la patrie,
Oui, vos enfants sont nos fils désormais.

Pour leur prouver notre reconnaissance,
Lorsqu'a sonné l'heure des grands combats,
On les a vus, ces enfants de la France,
Combattre en hommes et mourir en soldats.

Mais tout d'un coup, sous un sombre nuage,
Notre soleil disparut, éclipsé ;
Comme le nid renversé par l'orage,
Le bataillon fut, hélas, dispersé !

Mais le voici, le glorieux pupille,
Le petit-fils du bataillon détruit,
Car l'Empereur refait notre famille,
Et nous rappelle enfin auprès de lui.

LUCIFER

BALLADE.

Paroles d'Eugène de LONLAY, musique de Joseph VIMEUX.
La Musique chez L. VIEILLOT, 32, *r. N.-D.-de-Nazareth.*

Mon pouvoir est à toi ; car vois-tu, moi, je t'aime,
Plus que dans le saint lieu, plus que dans le ciel même
  Les anges n'aiment Dieu !   (*bis.*)

Belle enfant de la terre, en mon essor rapide,
Veux-tu que je t'emporte au vaste sein des airs !
Sur le sommet d'Aran veux-tu que je te guide !
  Veux-tu, de ton regard avide,
  Mesurer les cieux et les mers ! (*bis.*)
   Mon pouvoir est à toi, etc.

Comme Dieu je suis roi, je t'offre ma couronne
Et mon trône brûlant et mon sceptre de fer,
Noirs essaims de démons, éclat qui m'environne,
  Il n'est rien que je ne te donne
  Jusques aux flammes de l'enfer...
   Mon pouvoir est à toi, etc.

Mais si ton cœur, d'un autre écoutant la tendresse,
Bravait les feux ardents que tu m'as inspirés.
Tremble, au fond des enfers, témoins de ma tistesse,
  Vous seriez enchaînés sans cesse
  Et vous y seriez séparés.
Mon pouvoir est à toi ; car vois-tu, moi, je t'aime,
Plus que dans le saint lieu, plus que dans le ciel même
  Les anges n'aiment Dieu !   (*bis.*)

DANGER DE LA VALSE

FANTAISIE.

Chantée par Mme **GAVEAUX-SABATIER,**
Aux concerts de la salle de *Herz.*

Paroles d'Eugène de LONLAY, musique de A. BOÏELDIEU.

La musique chez M. QUANTIN, 25, *boul. Poissonnière.*

(*Le cavalier*)—L'orchestre qui cadence
    A donné le signal,
    On bondit, on s'élance,
    Enfin s'ouvre le bal.
(*La dame*) —La musique est parfaite,
    Que ces accords sont doux ;
    —Votre fraîche toilette
    Rend tous les cœurs jaloux.

    —Vous manquez la mesure,
    Ah ! monsieur, parlez bas ;
    —Que le bruit vous rassure,
    L'on ne nous entend pas.
    —Ah ! monsieur, parlez bas.
    Ah ! ah ! ah ! ah ! ah ! ah !
    Vous manquez la mesure,
      Ah !
    Monsieur, parlez plus bas,
    Vous manquez la mesure,
    Ah ! monsieur, parlez bas,
    Monsieur, parlez plus bas.

(*La dame.*) — La danse est enivrante,
    Que le bal est joyeux ;
(*Le cavalier.*)—Votre grâce charmante
    Éblouit tous les yeux ;
(*La dame.*) — La chaleur est extrême
    Et ma tête est en feu ;
(*Le cavalier.*)—Madame, je vous aime,
    Écoutez mon aveu.
    —Vous manquez, etc.

(*La dame.*) — Retournons à ma place,
    Il est temps de finir.
(*Le cavalier.*)—Vous êtes déjà lasse?
    Quoi, vous voulez me fuir !
(*La dame.*) — Monsieur, l'on me réclame,
    Regardez, on m'attend ;
(*Le cavalier.*)—Entendez-moi, madame,
    Et voyez mon tourment.

    —Vous manquez la mesure,
    Ah ! monsieur, parlez bas ;
    —Que le bruit vous rassure,
    L'on ne nous entend pas.
    —Ah ! monsieur, parlez bas.
    Ah ! ah ! ah ! ah ! ah ! ah !
    Vous manquez la mesure,
        Ah !
    Monsieur, parlez plus bas,
    Vous manquez la mesure,
    Ah ! monsieur parlez bas,
    Monsieur parlez plus bas.

FANFAN LE TAPIN

CHANSONNETTE

Paroles de M. A. FLAN, musique de P. HENRION.

La Musique chez M. COLOMBIER, *édit.*, 6, *rue Vivienne.*

Ra fla, la baguette en main,
Je suis Fanfan le tapin,
    Ah ! quel air crâne,
    Sur la peau d'âne
Je suis malin,—Très malin,
    Pas lambin,
    Ra fla.
    Mais quoique bambin
Je suis un fameux lapin,
    J'eus un matin,
    Au bord du Rhin,
Un régiment pour parrain.
Je fus bercé dans la bataille
    Par le clairon,
    Par le canon,
Et baptisé par la mitraille
    De l'Autrichien,
    Du Prussien,
Quand la mêlée était trop meurtrière,
Quand le plus brave éprouvait un tic-tac,
Le vieux soldat qui me servit de père,
Pour me sauver m'emportait sur son sac.
    Je fus bercé dans la bataille

Par le clairon,
Par le canon ;
Quand, du tapin, me vint la taille,
On m'inculqua le ra fla,
Ra ta fla fla fla, ra ta fla fla, fla, rrrrrrrrrrr,
Ra fla, la baguette en main,
Je suis Fanfan le tapin,
Ah ! quel air crâne,
Sur la peau d'âne
Je suis malin ;
Très malin,—Pas lambin,
Ra fla.
Mais quoique bambin,
Je suis un fameux lapin,
J'eus un beau matin,
Au bord du Rhin,
Un régiment pour parrain.
Ra ta fla fla fla fla (*ter*), fla fla fla fla,
Voilà Fanfan le tapin.

L'amour me paraît gentil,
Je suis encore apprenti,
Mais pour la pipe
Je m'émancipe.
Suisse ou Bédouin
Ne me rend point un point.
Je veux conquérir bientôt
Le sexe, et prendre d'assaut
Gentil trésor,
Fille au cœur d'or,
Comme un vrai tambour-major

Mon cœur s'éveille à l'amourette,
    Aux airs touchants
    Il bat aux champs,
On ne doit pas battre en retraite
    Quand de l'amour
    Vient le jour.
Si, cependant, le désespoir dans l'âme,
Une princesse à mes genoux tombant,
Disait : Fanfan, je veux être ta femme.
Je m'enfuirais de peur de battre un ban.
    Mon cœur s'éveille à l'amourette,
    Aux airs touchants
    Il bat aux champs,
    Mais je préfère la fillette
    Qui comprendra mon ra fla,
Ra ta fla fla fla, ra ta fla fla fla, rrrrrrrrrrr,
    Ra fla la baguette en main,
    Je suis Fanfan, etc.

    Pif ! paf ! combat général !
    Au loin gronde le brutal !
    La bonne affaire !
    Vive la guerre !
    Vive les croix
    Et les jambes de bois.
Pif ! paf ! c'est le bon moment,
C'est l'instant du tremblement.
    Jour solennel !
    Fais, Dieu du ciel,
Que, seul, je manque à l'appel.
Ma mère à moi c'est la patrie,
    Et son enfant

Lui doit son sang ;

Dans les combats, l'âme aguerrie,

Je vais courir

Et mourir.

Un Russe fuit, mais en gagnant le large,

D'un coup de sabre il m'entaille une main !

Il m'en reste une... et pour battre la charge,

C'est bien assez ! en avant le tapin !

Ma mère à moi c'est la patrie,

Et son enfant

Lui doit son sang ;

Bientôt ma main sera guérie

Et reprendra son ra fla,

Ra ta fla fla fla, ra ta fla fla fla, rrrrrrrrrrrr,

Ra fla, la baguette en main,

Je suis Fanfan le tapin. .

Ah ! quel air crâne,

Sur la peau d'âne

Je suis malin, —Très malin,

Pas lambin,

Ra fla.

Mais quoique bambin

Je suis un fameux lapin,

J'eus un beau matin

Au bord du Rhin

Un régiment pour parrain.

Ra ta fla fla fla (*ter*), fla fla fla,

Voilà Fanfan le tapin.

Paris. — *L. VIEILLOT, éditeur et seul propriétaire,*
32, *rue Notre-Dame-de-Nazareth.*

Paris. — Imprimerie A. Appert, passage du Caire, 56.

MON AME ET DIEU

ROMANCE DRAMATIQUE

Chantée par **RENARD**, de l'Opéra.

Paroles de M. J. DEMOULIN, musique de J. DARCIER.

*La Musique se trouve chez L. VIEILLOT, éditeur,
32, rue Notre-Dame-de-Nazareth, à Paris.*

A M. ISMAEL.

Triste, isolé, dans ma pauvre mansarde,
Quand le souci de mon cœur est banni,
A réfléchir, parfois, je me hasarde,
Pauvre rêveur, je creuse l'infini !...
Heureux alors d'une extase sublime,
Le cœur ému, je me sens transporté ;
Dans ces moments de rêverie intime,
Je pense à Dieu, qui fit la liberté !   } *bis.*

Qu'est la nature ? un souffle d'abondance
Qu'exhale Dieu, Dieu que nous bénissons ;
Rayon d'amour qu'on nomme Providence,
Qui fait mûrir nos fruits et nos moissons ;

Qui fait tomber, de chaque fleur qui passe,
Le germe ardent de la fécondité!
Moi, pauvre atôme, oublié dans l'espace,
Je chante Dieu, qui fit la liberté.

Dieu donne à l'homme, avec l'intelligence,
Tout ce qui peut encor le rendre heureux;
Ce n'est pas lui qui créa la souffrance,
Ni l'esclavage et son supplice affreux!...
On voit pourtant dans le siècle où nous sommes,
Et la misère et la servilité;
Du fond du cœur je plains, je plains les hommes,
Et bénis Dieu, qui fit la liberté.

Et si par lui tout respire et s'anime,
La mort ne peut en rien nous effrayer;
De Dieu, notre âme est un rayon sublime,
Et tout rayon retourne à son foyer.
Je place en lui toute mon espérance,
Et sans frémir, j'attends l'éternité!
L'espoir me fait supporter la souffrance,
Et bénir Dieu, qui fit la liberté!   } bis.

LE LYS DE LA FONTAINE

ROMANCE.

Paroles de M. Victor MARTIE, musique de M. A. THYS.
La Musique chez L. VIEILLOT, 32, *r. N.-D.-de-Nazareth.*

A Monsieur PONCHARD.

Sous les palmiers de la fontaine,
J'ai vu briller un lys plein de fraîcheur,
Et je voulais, ô Madeleine,
Pour te l'offrir, cueillir sa blanche fleur.   *(bis.)*
Mais d'une voix plaintive,
Le sylphe de la rive
M'a dit : voleur, voleur !
Pourquoi me prendre   } *bis.*
Ma fleur si tendre,
J'ai mis, pêcheur,
Tout mon bonheur   *(bis.)*
Dans cette fleur,
Tout mon bonheur
Dans cette fleur.

Tu la connais cette fontaine,
Où, d'être à moi, tu me promis un jour,
Quand un seigneur, ô Madeleine,
Vint pour ravir ton cœur à mon amour,   *(bis.)*
Mais moi, d'une voix fière,
Au seigneur téméraire
J'ai dit : voleur ! voleur !
Pourquoi me prendre   } *bis.*
Ma fleur si tendre,

J'ai mis, seigneur,
Tout mon bonheur   (bis.)
Dans cette fleur,
Tout mon bonheur
Dans cette fleur.

Voici la fleur que j'ai cueillie
Lorsque dormait le sylphe aux ailes d'or ;
Mais le seigneur me l'a ravie
Celle pour qui j'ai ravi ce trésor.   (bis)
Le beau sylphe succombe,
Comme lui vers ma tombe
Je dis : voleur! voleur!
Veux-tu me rendre
Ma fleur si tendre,   } bis.
J'ai mis mon cœur
Et mon bonheur   (bis.)
Dans cette fleur,
Et mon bonheur
Dans cette fleur.

SEULE AU MONDE

ROMANCE

Paroles de Louis Crevel DE CHARLEMAGNE,
Musique de Charles DUFORT.

La Musique chez M. COLOMBIER, *édit., 6, rue Vivienne.*

Seule au monde! pauvre orpheline,
Il ne me reste que mes pleurs
Pour offrir à la main divine
Qui donne le pain de douleur!

Seule au monde ! j'avais un frère,
Il n'est plus ! — j'aimais une sœur,
Morte aussi ! — j'avais un vieux père,
Il repose avec le Seigneur !

    Vierge Marie,
    Du ciel bénie,
    En vous j'ai foi,
    Protégez-moi !

Seule au monde ! pour moi maudite,
Point de ciel pur, point de beaux jours !
Objet d'effroi, partout proscrite,
En vain, j'implore aide et secours !
Chacun, riant de mes alarmes,
Me dit : espère en l'Éternel,
Et moi, les yeux baignés de larmes.
J'invoque la pitié du ciel.

    Vierge Marie, etc.

Seule au monde ! mais non, des anges,
Tendre reine, amour glorieux,
Qui vous adresse ses louanges
N'est jamais seul ni malheureux !
Sur les flots, radieuse étoile,
Vous dirigez le pèlerin,
Et sur la terre rien ne voile
Votre regard au pèlerin !

    Vierge Marie,
    Du ciel bénie,
    En vous j'ai foi,
    Protégez-moi ?

LES AËRONAUTES

Paroles de M. Louis C. DE CHARLEMAGNE,
Musique de Théodore LABARRE.

*La Musique se trouve, à Paris, chez M. E. MAYAUD,
éditeur, 7, boulevard des Italiens.*

Partons, amis ! le Dieu du jour s'avance,
Déjà son char a franchi l'horizon,
Au frais zéphir qui le berce et balance,
Livrons enfin notre léger ballon.
Par l'aquilon portés sur les nuages,
A nos regards se déploieront les cieux,
Là, nous verrons se former les nuages
Au doux concert de nos accents joyeux !

Lorsque l'encens de la verte prairie,
Autour de nous embaumera les airs,
Tels que des dieux s'enivrant d'ambroisie,
Nous planerons sur le vaste univers.
Ne tardons plus, la brume s'évapore,
Du ciel en feu, l'éclat est vif et pur,
Embarquons-nous et saluons l'aurore
En nous perdant parmi des flots d'azur.

Allons ! pilote ! apprête les nacelles,
Le vent s'élève et pourrait nous trahir !
L'aigle intrépide a déployé ses ailes,
Il prend son vol, hâtons-nous de partir !
A ces mortels qui redoutent l'orage,
Amis, laissons le terrestre séjour,
Et commençons notre léger voyage
Par des refrains de plaisir et d'amour !

PÉDRO LE MULETIER

RONDE

Chantée par **M. CHOLLET,**

Au théâtre de l'Opéra-Comique

Dans **LE PORTE-FAIX**.

Paroles de M. E. Scribe, musique de J.-M. Gomis.

La Musique chez MM. Brandus et Cⁱᵉ, 163, r. Richelieu.

Une princesse de Grenade
Aimait Pédro le muletier.
Un muletier bon camarade
Vaut souvent mieux qu'un cavalier,
  Eh !
Elle était noble, il était beau,
  Oh ! oh !
 Et l'amour, ici-bas,
 Est de tous les états,
  Ah !

Un jour qu'elle allait à la messe
Et qu'il lui tenait l'étrier,

On dit que la belle princesse
Serra la main du muletier,
          Eh !
Ah ! qu'il était content, Pedro,
          Oh ! oh !
Car l'amour, ici-bas,
Est de tous les états,
          Ah !

Mais voilà que le roi, son père,
S'avisa de les épier,
Et fit, d'un coup de cimeterre,
Sauter la tête au muletier,
          Eh !
Ça mit la princesse au tombeau,
          Oh ! oh !
Car l'amour, ici-bas,
Est de tous les états,
          Ah !

LE PORTE-FAIX, opéra-comique en 3 actes, en vente à Paris,
au MAGASIN THÉATRAL, 12, boulevard St-Martin. Prix : 40 cent.

DON QUICHOTTE

Paroles de Paul DE CHAZOT, musique de M. FAURE.
La Musique chez M. CHALLIOT, 354, èd , rue St-Hono é.

Il était un preux chevalier
    Fort connu dans l'histoire,
Portant rondache et bouclier,
    Ne rêvant que la gloire,
Et qui fit plus d'exploits brillants
Qu'Amadis et tous les Rolands
      Vaillants.
Oh! oh! oh! oh! ah! ah! ah! ah!   } *bis.*
Le brave guerrier c'était là, la, la !

    Amis, vous souriez déjà,
      Sans que je vous le nomme ;
C'était le fameux Quexada,
      Fort galant gentilhomme !
Et qui, dit-on, pour maint géant,
Prenait tout noir moulin tournant
      Au vent !
Oh! oh! oh! oh! ah! ah! ah! ah!
L'illustre guerrier c'était là, la la !

    Sancho, l'écuyer sans façon,
      A la panse gênante,
Suivait sur un gentil grison
      La maigre rossinante !
Onc ne vit plus sage écuyer,
Il eût bu le vin d'un cellier
      Entier.

Oh! oh! oh! oh! ah! ah! ah! ah!
Le bel écuyer c'était là, là, là!

Don Quichotte, fleur des héros,
　　L'amant de Dulcinée,
S'en allait par monts et par vaux,
　　A petite journée!
De tout faible il était l'appui,
Le Cid même eût été ravi
　　　　De lui!
Oh! oh! oh! oh! ah! ah! ah! ah?
Qui ne voudrait croire cela, la, la!

Il prenait pour noble castel
　　De sa dame chérie,
Le toit du plus humble mortel,
　　Chétive hôtellerie;
Maritorne au nez effronté
Lui semblait un lys de beauté
　　　　Vanté!
Oh! oh! oh! oh! ah! ah! ah! ah!
Le plaisant guerrier c'était là, la la!

Las de promener en tout lieu
　　Son écuyer fidèle,
Il voulut revoir le ciel bleu
　　De la Manche si belle.
Bientôt ce héros expira...
Son écuyer qui l'enterra
　　　　Pleura:
(en pleurant d'un œil　　　Oh! oh! oh! oh! ah! ah! ah!
et riant de l'autre.)　　　Le joyeux récit finit là, la, la.

DANS LES NUAGES

Paroles de M. F. DE COURCY, musique de M. L. CLAPISSON
La Musique chez M. MEISSONNIER fils, 18, rue Dauphine

Moi, dans les nuages,
Je vois des images,
Mirage des cieux
Qui séduit mes yeux ;
Monde imaginaire,
Qui, loin de la terre,
Me transporte ainsi
Sans bouger d'ici !

Là-haut des figures,
D'étranges peintures
Semblent se former,
Semblent s'animer...
Autour de ce monde
Elles font la ronde
Pour voir, sans façons,
Ce que nous faisons...
Moi, dans les nuages, etc.

Sur un char couchée,
Et vers moi penchée,
Là, s'offre à mon cœur
L'ombre de ma sœur.
C'est son profil pâle,
Blanc comme l'opale...
Le ciel s'ouvre un peu...
Voilà son œil bleu !..
Moi, dans les nuages, etc.

J'y vois des trophées,
Des palais de fées ;
J'y vois des pays
D'or et de rubis !. .
Un souffle les chasse,
Et puis tout s'efface...
N'est-ce pas, hélas !
Tout comme ici-bas ?...
Moi, dans les nuages, etc.

Seul, à ma fenêtre,
Pour longtemps, peut-être!
Tandis qu'au hasard
Flotte mon regard.
Une voix fidèle
Ici-bas m'appelle...
A ces doux accents
Du ciel je descends...

Adieu, les nuages,
Adieu, les images,
Mirage des cieux
Qui trompait mes yeux...
Non, plus de chimère ;
Ce qu'on voit sur terre,
Auprès de Nelly
Est bien plus joli !

Paris. — L. VIEILLOT, éditeur et seul propriétaire
32, rue Notre-Dame-de-Nazareth.

Paris. — Imprimerie A. Appert, passage du Caire, 56.

LE PAIN QUOTIDIEN.

MÉLODIE.

Chantée par **M. BELVAL**, de l'Opéra.

Paroles de M. G. DE LA LANDELLE,
Musique d'Étienne ARNAUD.

A M. BELVAL.

Musique se trouve chez MM. IKELMER et Cᵉ, edit.,
11, rue Rougemont.

La vie est un pélerinage
Dont le terme seul est connu,
L'enfant commence le voyage
En pleurant, chétif et tout nu.
Dans ces jardins fleuris qu'on nomme
La Foi, l'Espérance et l'Amour,
Marchez sans crainte et sans détour;
Sur le chemin de l'honnête homme
Dieu met le pain de chaque jour,

Sur le chemin de l'honnête homme
Dieu met le pain de chaque jour.

L'enfant grandit ; pendant sa route
Le ciel s'obscurcit, comment voir
A travers les brouillards du doute
La ligne droite du devoir.
Sous ces astres bénis qu'on nomme
    La Foi, l'Espérance, etc.

Chaque jour suffit à sa peine,
N'ayez pas peur du lendemain ;
Aujourd'hui votre main est pleine :
Donnez, donnez à pleine main.
Riches de ces trésors qu'on nomme
    La Foi, l'Espérance, etc.

La vie est comme une bataille
Qu'il faut gagner d'un cœur vaillant ;
En souriant à la mitraille,
Bravons le choc en travaillant.
Et forts de ces vertus qu'on nomme :
La Foi l'Espérance et l'Amour,
Marchons sans crainte et sans détour,
Sur le chemin de l'honnête homme
Dieu met le pain de chaque jour,
Sur le chemin de l'honnête homme
Dieu met le pain de chaque jour.

LE
POSTILLON DE CALAIS

CHANSONNETTE

Chantée par **M. MÉRIO**,

Au Jardin-d'Hiver.

Paroles de M. E. Trefeu, musique de A. de Villebichot

La musique chez M. Quantin, 25, *boul. Poissonnière.*

Courant après la fortune,
Le postillon de Calais,
Galopait sans trève aucune ;
Mais, ne l'attrapait jamais.
Ventre à terre, à perdre haleine,
Il galopait tant et plus ;
Pour épouser Madeleine
Il lui fallait mille écus.
Courant après la fortune,
Le postillon de Calais
Galopait sans trève aucune
Mais ne l'attrapait jamais.

Toujours paré, bien en selle,
Le postillon de Calais

Charmait dame et demoiselle
Mais, ne s'arrêtait jamais.
En vain bourgeoise ou duchesse
Souriait au beau vainqueur,
Il ne voyait que richesse,
Madeleine avait son cœur.
Toujours paré, bien en selle,
Le postillon de Calais
Charmait dame et demoiselle
Mais, ne s'arrêtait jamais.

Pour voir sa bourse plus ronde,
Le postillon de Calais
Aurait fait le tour du monde...
Mais, il ne le fit jamais.
Il bravait froid, neige, orage,
Les profits payaient l'ennui,
Encore un an de courage
Madeleine était à lui.
Pour voir sa bourse plus ronde,
Le postillon de Calais
Aurait fait le tour du monde...
Mais, il ne le fit jamais.

La vapeur vint d'Angleterre,
Le postillon de Calais
Par elle fut mis à terre,
Mais, il ne cédait jamais.
Un autre eût quitté la route,
Adieu grelots et rubans,

Le magot mis en déroute,
Madeleine et ses arpents.
La vapeur vint d'Angleterre,
Le postillon de Calais
Par elle fut mis à terre,
Mais, il ne cédait jamais.

Que fit ce cœur incroyable,
Le postillon de Calais,
Il donna la poste au diable
Mais ne s'y donna jamais.
Il changea de vie active,
Il conduisit la vapeur,
Et sur sa locomotive
Arriva droit au bonheur.
Voilà comment, pour sa peine,
Le postillon de Calais
Eut la somme et Madeleine,
Puis fut heureux à jamais.

IL M'ATTEND

ROMANCE

Chantée par Mlle DARCIER,

Paroles de Mme Desbordes VALMORE,
Musique de QUIDANT jeune.

A Mlle DARCIER.

La Musique se trouve chez L. VIEILLOT, *éditeur,*
32, *rue Notre-Dame-de-Nazareth, à Paris.*

Il m'attend, je ne sais quelle mélancolie
Au trouble de l'amour se mêle en cet instant,
Mon cœur s'est arrêté sous ma main affaiblie,
L'heure sonne au hameau, je l'écoute, et pourtant
Il m'attend... il m'attend, et pourtant il m'attend.

Il m'attend? d'où vient donc que dans ma chevelure
Je ne puis enlacer les fleurs qu'il aime tant;
J'ai commencé deux fois sans finir ma parure,
Je n'ai pas regardé le miroir, et pourtant
      Il m'attend, etc.

Il m'attend! le bonheur recèle-t-il des larmes?
Que faut-il inventer pour le rendre content?
Mes bouquets, mes aveux ont-ils perdu leurs charmes?
Il est triste, il soupire, il se tait, et pourtant
Il m'attend... il m'attend, et pourtant il m'attend.

MON PETIT DOIGT
ME LE DIRA !

CHANSONNETTE.

Chantée par Mme **ALLARD-BLIN**,
Aux concerts de la salle de *Herz*.

Paroles et musique de M. Achille LESTRELIN.
La Musique chez L. VIEILLOT, 32, *r. N.-D.-de-Nazareth.*

Allons ! c'est aujourd'hui dimanche,
La fête de notre canton :
Pare-toi de ta robe blanche,
Et mets ton petit bonnet rond.
Je veux qu'aujourd'hui tu sois belle :
Cela me rend le cœur joyeux...
         Mais !...
Mais surtout, mon Isabelle,
N'écoute pas les amoureux ;
    Ne crois pas au langage
    Des jeunes et des vieux,
    Des gris comme des blonds :
    Ce sont tous des fripons !
Ma belle enfant, si tu n'es pas sage,
         Si tu n'es pas sage !
Mon petit doigt me le dira !
         Oui da ! oui da !
    Si tu n'es pas sage,
Mon petit doigt me le dira !
         Si tu n'es pas sage,
Mon petit doigt me le dira !

Eh bien! où cours-tu donc, ma chère?
Déjà te voilà dans les champs!
Songe bien que je suis grand'mère;
Enfant, j'ai quatre-vingt-trois ans.
Jadis, comme toi, j'étais belle,
Sur moi se fixaient tous les yeux.
          Mais!...
     Mais surtout, etc.

Enfin, nous voilà dans la danse,
Ma fille, il faut lever les yeux,
Et puis marcher avec aisance
Et prendre un air bien gracieux.
Je veux que tu sois le modèle
Des filles du canton d'Évreux.
          Mais!...
     Mais surtout, etc.

Toujours, même quand je tricote,
Mes yeux sont de bons surveillants;
Aussi dit-on que je radote,
Lorsque je chasse les galants.
Une fille, alors qu'elle est belle,
Est un trésor des plus chanceux!
          Mais!...
Mais surtout, mon Isabelle,
N'écoute pas les amoureux;
     Ne crois pas au langage
     Des jeunes et des vieux,
     Des gris comme des blonds:
     Ce sont tous des fripons!
Ma belle enfant, si tu n'es pas sage,

Si tu n'es pas sage!
Mon petit doigt me le dira!
Oui da! oui da!
Si tu n'est pas sage,
Mon petit doigt me le dira !
Si tu n'es pas sage,
Mon petit doigt me le dira !

LA MARGUERITE.

BADINAGE.

Paroles d'Ét. Rivoiron, musique d'Auguste Lombard.
La Musique chez L. Vieillot, 32, *r. N.-D.-de-Nazareth.*

Plus légère qu'un oiseau,
La peau blanche comme neige,
J'aime son petit manège
Quand elle se voit dans l'eau.
La coquette vient y lire,
A défau' d'autre miroir,
Ce que dit son doux sourire,
Que j'aime tant à voir.
        Ah! ah! ah! ah!
A qui voudrait la connaître,
Je dirai c'est une fleur ;
Pour moi seul Dieu la fit naître
Au plus profond de mon cœur.
Ah! ah! ah! ah! ah! ah! ah! ah! ah! ah! ah! ah!
Ah! ah! ah! ah! ah! ah! ah!

Elle a pour son amoureux
Le zéphir de la prairie,
Qui, sur sa bouche fleurie,
Glisse un parfum langoureux.
Mais c'est moi qu'elle préfère,
Ses yeux me cherchent toujours
Quand je viens avec mystère
Lui parler de mes amours.
  Ah! ah! ah! ah!
  A qui voudrait, etc.

Pour être heureux à jamais,
Je l'ai prise en mariage,
Je ne crains pas qu'un orage
Nous sépare désormais.
Le même toit nous abrite
Et nous réchauffe tous deux,
Mon amour pour Marguerite
Remplace un rayon des cieux.
  Ah! ah! ah! ah!
A qui voudrait la connaître,
Je dirai c'est une fleur;
Pour moi seul Dieu la fit naître
Au plus profond de mon cœur.
Ah! ah! ah! ah! ah! ah! ah! ah! ah! ah! ah! ah!
  Ah! ah! ah! ah! ah! ah! ah!

LA FÉE AUX MARIS

CHANSONNETTE.

Paroles de M. Francis Tourte,
Musique de N. Martyns.

*La Musique se trouve chez MM. Heugel et Cⁱᵉ, édit.,
2 bis, rue Vivienne, à Paris.*

Croyez sans rien en rabattre,
Mes enfants, je vous le dis,
Au temps du bon Henri-Quatre,
C'était un vrai paradis !
Les fillettes plus gentilles
Plaisaient toujours aux garçons
On avait plus de chansons
Et bien moins de vieilles filles !

> Alors à Paris
> Vivait une fée,
> De roses coiffée,   *bis.*
> La fée aux maris,
> La fée aux maris.   *(bis.)*

Les âmes étaient moins fières,
On s'aimait plus autrefois ;
Pour épouser des bergères
On trouvait toujours des rois.

Tout change, mes souveraines,
Les hommes sont moins légers,
A peine si nos bergers
Voudraient épouser des reines !

> On pleure à Paris
> Cette bonne fée,
> De roses coiffée,
> La fée aux maris.
> La fée aux maris.   (*bis.*)

bis.

Un jour, pour une autre sphère,
La fée a pris son essor,
En voyant sur notre terre
Partout s'enfuir l'âge d'or ;
Depuis, la jeune fillette
Se demande si, pourtant,
La bonne fée en partant,
N'oublia pas sa baguette !

> Oui, car dans Paris,
> Une dot qui brille,
> C'est pour chaque fille
> La fée aux maris,
> La fée aux maris.   (*bis.*)

bis.

———

Paris. — *L. VIEILLOT, éditeur et seul propriétaire,*
32, *rue Notre-Dame-de-Nazareth*

Paris. — Imprimerie **A. Appert,** passage du Caire, 54.

LA MOISSON.

CHANT RUSTIQUE.

Chanté par **RENARD**, de l'Opéra.

Paroles d'Alphonse Baralle,
Musique de Jules Couplet.

La Musique se trouve chez L. Vieillot, *éditeur,*
32, *rue Notre-Dame-de-Nazareth, à Paris.*

A son ami Liebscher.

Jeunes garçons et jeunes filles
Le jour paraît à l'horizon,
Allons, debout, à vos faucilles,
Voici le temps de la moisson.

Le grain, en bel épi doré,
Fait ployer sa tige de paille,
Et s'incline tout altéré
Comme un buveur sur la futaille.
Sous l'ardent soleil de juillet
Les grappes d'or courbent la tête,

Le rouge frère du bluet
Relève seul sa rouge crête.
    Jeunes garçons, etc.

Le sol, de produire lassé,
Ouvre ses cent bouches béantes,
Demandant au ciel bleu foncé
Quelques vapeurs rafraîchissantes.
Il boit au calice des fleurs
Les gouttelettes de rosée
Que verse le matin en pleurs
Sans que sa soif soit appaisée.
    Jeunes garçons, etc.

Aux champs, précédant le troupeau,
Le bélier altier et superbe,
Sur la pente du blond côteau
Cherche en vain quelque touffe d'herbe.
L'églantine à chaque taillis
Aux brises tièdes appaisées
Tend en tremblant ses bras flétris
Chargés de fleurs couperosées.
    Jeunes garçons, etc.

Fuyant la chaleur, le grillon,
Blotti dans sa retraite obscure,
Chante gaîment dans le sillon
Le doux réveil de la nature.
Les longs cheveux d'or de l'été
Tout couverts de poussière grise,

Semblent frémir de volupté
Aux moindres soupirs de la brise.
    Jeunes garçons, etc.

De tous côtés les moissonneurs,
Comme un chapelet qui s'égrène,
Se préparant aux durs labeurs,
Vont se disperser dans la plaine;
Et dans tous les hameaux voisins,
Fêtant la moisson qui commence,
Les grandes ailes des moulins
Semblent battre d'impatience.
    Jeunes garçons, etc.

Demain, dans les champs dépouillés,
Des enfants tristes avant l'âge,
Glaneront les grains oubliés
Par les moissonneurs du village.
Avant de rentrer vos moissons,
O riches, à qui Dieu les donne,
Laissez, laissez dans vos sillons
Quelques épis d'or pour aumône.

Jeunes garçons et jeunes filles
Le jour paraît à l'horizon,
Allons, debout, à vos faucilles,
Voici le temps de la moisson.

LE CAPITAINE
D'AVENTURE

CHANSON

Chantée par **M. MONJAUZE**,

Dans **LA REINE TOPAZE,**
Au théâtre Lyrique.

Paroles de MM. Lockroy et Léon Battu,
Musique de Victor Massé.

*La Musique se trouve chez L. Vieillot, éditeur,
32, rue Notre-Dame-de-Nazareth, à Paris.*

RAFAEL.

Je suis capitaine d'aventure,
Quelle est ma fortune future
Et d'où je vien?
Je n'en sais rien,
Je suis capitaine d'aventure.   (*bis.*)

Je n'ai pas très bon caractère,
Aussi, souvent,
Je mets, quand je suis en colère,
Flamberge au vent.

A qui parle haut je sais faire
        Baisser le ton,
Je mets les gens d'humeur trop fière
        A la raison.

Je suis capitaine d'aventure,
Quelle est ma fortune future
        Et d'où je vien ?
        Je n'en sais rien,
Je suis capitaine d'aventure.   (bis.)

Mais quand on est poli, tranquille,
        Accommodant,
Je sais rire et je suis facile
        Comme un enfant ;
Avec un cavalier traitable
        Je suis vraiment
Ce que l'on appelle un bon diable,
        Un bon vivant.

Je suis capitaine d'aventure,
Quelle est ma fortune future
        Et d'où je vien ?
        Je n'en sais rien,
Je suis capitaine d'aventure.   (bis.)

LA REINE TOPAZE, opéra-comique en 3 actes, en vente, à Paris, chez MM. MICHEL LEVY frères édit., 2 bis, rue Vivienne. Prix : 1 fr.

VIVE PARIS!

CANTATE

Paroles de M. E. Trefeu, musique d'Hipp. Lazerges.
La Musique chez GAUVIN, Palais-Royal, perystile de Chartres, 11 et 12

Vive Paris, la ville des merveilles,
Temple divin de la gloire et des arts,
Où le plaisir sait prolonger nos veilles,
Où tout séduit nos goûts et nos regards.
On la chanta dans cent lieues à la ronde,
Son nom magique a passé bien des mers :
C'est que Paris est la reine du monde, ⎫ *bis.*
Et qu'elle 'fait envie à l'univers. ⎭

Vive Paris, ses femmes sont charmantes,
Pleines de goût, de grâces, de gaîté ;
Il n'en est pas ailleurs de plus aimantes,
Dispensant mieux amour et charité.
Grâce aux attraits que leur esprit féconde,
Leur renommée a passé bien des mers ;
C'est qu'elles sont les plus belles du monde,
Et qu'elles font envie à l'univers.

Vive Paris, on y juge la France,
Et si son peuple est léger et moqueur,⎫
On sait du moins que la moindre souffrance
Jamais en vain ne s'adresse à son cœur.
Pour l'admirer, oubliant qu'il les fronde,
Que d'étrangers ont traversé les mers ;
C'est que son peuple est le premier du monde, ⎫ *bis.*
Et fit toujours envie à l'univers. ⎭

TIGE BRISÉE

MÉLODIE.

Chantée par **M. RENARD**, de l'Opéra,

Paroles de M. Édouard PLOUVIER,

Musique de M. Étienne ARNAUD.

La Musique se trouve chez MM. HEUGEL et Cie, *éditeurs,*
2 bis, rue Vivienne, à Paris.

Fleur desséchée,
Ame fauchée,
Calice cher où le parfum n'est plus,
Jadis charmante,
Fraîche, odorante,
Témoin discret de mes bonheurs perdus ;
Sur toi je prie,
Rose flétrie,   } *bis.*
Et de mes yeux les pleurs sont superflus ;
Tige brisée,
Nulle rosée,
Nul rayon d'or ne t'animeront plus !

Je te vis naître
Sous ma fenêtre,
Un jour d'avril, aux regards du soleil ;

A peine éclose,
Petite rose,
Je t'emmenai parfumer son réveil ;
Puis, le soir même,
L'enfant que j'aime,
Fixa ta tige à son sein virginal,
Oui, le soir même,
L'enfant que j'aime,
Fixa ta tige à son sein virginal,
Et sœurs unies,
Par moi bénies,
Toute la la nuit je vous suivis au bal !

Que de conquêtes
Vous avez faites,
Aux gais accords d'un orchestre enchanté !
Chaque sourire,
Semblait vous dire :
Même fraîcheur avec même beauté !
Mais lorsqu'émue,
L'heure venue,
La pauvre enfant t'emporta loin du bruit,
Oui, lorsqu'émue,
L'heure venue,
La pauvre enfant t'emporta loin du bruit,
L'aube glacée
L'a caressée,
Et c'est pourquoi je vous pleure aujourd'hui !

La nuit suivante,
L'enfant charmante,

Les yeux brillants, parlait du bal joyeux :
Dans un sourire,
De son délire,
Son chaste cœur murmurait des adieux...
Toi, pauvre rose,
Pâle et déclose,
Entre ses doigts tu mourais lentement,
Oui, pauvre rose,
Pâle et déclose,
Entre ses doigts tu mourais lentement,
Et vos deux âmes,
Candides flammes,
Aux mêmes cieux s'envolaient doucement !

JE VEILLE NUIT ET JOUR

COUPLETS

Chantés par **M. FAURE**
Au théâtre de l'Opéra-Comique,

Dans **GALATHÉE.**

Paroles de MM. Michel CARRÉ et Jules BARBIER,
Musique de M. Victor MASSÉ.

La Musique chez L. VIEILLOT, 32, *r. N.-D.-de-Nazareth.*

Toutes les femmes
Sont inconstantes et sans foi,

Leurs folles âmes
Suivent partout la même loi,
Et les plus belles
Les plus charmantes à nos yeux,
Cachent en elles
Mille défauts pernicieux.
Voilà pourquoi, de ma froide statue,
Je préfère la vue,
Pourquoi, près d'elle, épris d'un fol amour,
Je veille nuit et jour.

La moins savante
Dans l'art de plaire et de tromper,
Sans peine invente
Quelque ruse pour nous duper ;
Et brune ou blonde,
Sans hésiter moi je soutien
Qu'en ce bas-monde,
La plus aimable ne vaut rien.   (bis.)
Voilà pourquoi, de ma froide statue,
Je préfère la vue,
Pourquoi, près d'elle, épris d'un fol amour,
Je veille nuit et jour.

NOTRE-DAME DE BÉRULLE.

PRIÈRE.

Paroles de M. H. RAYNAL, musique de M. Léon ***

La Musique se trouve chez L. VIEILLOT, *éditeur,*
32, *rue Notre-Dame-de-Nazareth, à Paris.*

Sur ton autel de mousse,
Tout de fleurs parfumé,
Vierge que tant j'aimai,
Dans ma retraite douce,
Je ne te verrai plus :
La tempête qui gronde
M'emporte en son reflux
Vers le gouffre du monde.

Mère du fils de Dieu,
O sainte reine,
Ma souveraine
Adieu !

Ton bel enfant qui joue
Sera triste demain :
Moi seul, d'un gai carmin
Enluminais sa joue.

Plus de raisin vermeil
Et, comme le soleil,
Va dévorer mes roses !
   Mère du fils, etc.

Hélas ! je me rappelle
Ce temps bien loin de nous,
Où chacun, à genoux,
Donnait pour ta chapelle.
Un ruisseau bruissait
Là, près de toi, Marie,
Et son eau guérissait :
Mais la source est tarie !
   Mère du fils, etc.

Toi qui sais combien j'aime,
Dis-moi le mot vainqueur
Dont s'éprendrait le cœur
Qui me cherche lui-même.
Que mon bonheur, un jour,
Confirme tes oracles :
Des miracles d'amour
Naît l'amour des miracles.

Mère du fils de Dieu,
  O sainte Reine,
  Ma souveraine
   Adieu !

         Hippolyte RAYNAL.

Paris. — L. VIEILLOT, *éditeur et seul propriétaire,*
32, *rue Notre-Dame-de-Nazareth.*

Paris. — Imprimerie **A. Appert**, passage du Caire, 56.

MADELEINE

ROMANCE DRAMATIQUE

Chantée par M. RENARD de l'Opéra,
Sur les principaux théâtres de Paris.

Paroles de Jules LORIN, musique de Joseph DARCIER.

La Musique se trouve chez L. VIEILLOT, éditeur,
32, rue Notre-Dame-de-Nazareth, à Paris.

A M. V. DIDIER.

Sans ton amour, vois-tu, Mad'leine,
Je n' pourrai pas vivr' ben longtemps;
Non, j' n'y tiens plus, j' meurs à la peine,
Faut qu' ça m'emporte avant l' printemps,
    Crois-moi, Mad'leine,   *(bis.)*

Un jour que j' m'en allais rêveur,
J' te rencontrai toute fleurie,
Il faisait d' l'amour plein mon cœur
Et du soleil plein la prairie.
Les p'tits oiseaux chantaient gaîment,
    Tout sur la terre
    Voulait te plaire,
Et j' te déplus, moi, qui t'aime tant.
    Sans ton amour, etc.

Faut-t'y te l' dire? j' pleur' comme un fou
Des nuits entières sous tes fenêtres,

Quand j' n'ai pus d' larm's, sans savoir où,
J' vais droit d'vant moi sous les grands hêtres,
Des p'tits enfants j' suis la frayeur,
    D' moi chacun s' sauve
    Comm' d'un' bête fauve ;
Les aimer tant ! et leur faire peur !
    Sans ton amour, etc.

Hier, on publiait les bancs,
Quand l' curé dit : Mam'zell' Mad'leine...
J'ai senti comme un coup là-d'dans,
Puis, j' suis tombé, froid, sans haleine,
Vite, un méd'cin, on l' guérira,
    Qu' j'entendais dire,
    Ça m' faisait rire !...
Bonn's gens qui croyent qu'on guérit d' ça....
    Sans ton amour, etc.

L'hiver à peine s'enfuyait,
Les grands prés verdoyaient à peine,
Que le pauvre garçon mourait
Le jour des noc's à Madeleine ;
Mais quand la bell' au bras d' l'époux
    Sous l' porch' arrive ;
    Un' voix plaintive
Qui sort des buissons et des houx :

Sans ton amour... tu vois, Mad'leine,
Je n'ai pas pu vivr' ben longtemps ;
J' t'aimais tant, j' suis mort à la peine,
Adieu la vie, adieu l' printemps !..,
    Adieu ! Mad'leine !   (bis.)

LES BERGERS
DU PIÉMONT

PASTORALE

Chantée par M. PONCHARD,

Aux concerts de la salle de *Herz*.

Paroles de M. Louis FOURTOUL, musique de P. HENRION.

*La Musique se trouve chez M. COLOMBIER, éditeur,
6, rue Vivienne, à Paris.*

Avril luit à peine
Sur notre Piémont ;
Soudain, il entraîne
La neige au vallon.
Loin des bergeries,
Avec nos moutons,
Aux cimes fleuries,
Alors nous montons.
    Ah ! ah ! ah !

Chacun va pêle-mêle
Tout content ;

L'agneau bêle
En trottant.
L'on répete
En chemin,
Chansonnette,   (*bis.*)
Gai refrain :   (*bis.*)
Tin, tin, tin, tin, tin, tin,
Les clochettes font tin, tin,
Ah !
Les musettes vont leur train.
Ah ! ah ! ah !
Ces bruits font un vacarme
Qui nous charme
Un vacarme qui nous charme
Nous autres, gens du Piémont.

Tant que l'été dure,
Le troupeau joyeux,
Foulant la verdure,
Broute à qui mieux mieux.
Nul brouillard ne voile
Le ciel de nos jours ;
A la belle étoile
Nous dormons toujours.
Ah ! ah ! ah !
Chacun va, etc.

Quand l'air froid présage
Les rudes saisons,
Au bas du village
Nous redescendons.

Chacun court bien vite,
Pour les mauvais jours,
Au toit qui l'abrite
Et vers ses amours.
   Ah! ah! ah!

Chacun va pêle-mêle
   Tout content ;
   L'agneau bêle
   En trottant ;
   L'on répète
   Eu chemin
   Chansonnette,   (*bis.*)
   Gai refrain :   (*bis.*)
Tin, tin, tin, tin, tin, tin, tin,
Les clochettes font tin, tin,
   Ah !
Les musettes vont leur train.
   Ah ! ah! ah!
Ces bruits font un vacarme
   Qui nous charme,
Un vacarme qui nous charme
Nous autres, gens du Piémont.

DIEU BÉNIT CELUI QUI DONNE

ROMANCE.

Paroles de M. A. GROUT, musique d'Eugène MONIOT.

*La Musique se trouve chez M. PETIT aîné, éditeur,
Palais-Royal, galerie Montpensier, 50.*

A. M GOZORA.

Belle enfant de seize ans, à chevelure blonde,
Si Dieu, dans sa bonté, fait trouver sous vos pas
Un vieillard malheureux près de quitter ce monde,
Sans l'avoir secouru ne vous éloignez pas.
Laissez, laissez tomber une pieuse aumône
    Dans sa débile main ;
Car Dieu bénit toujours, bénit celui qui donne,
    Qui donne au pauvre un peu de pain.

Lorsque dans un grand bal donné par votre mère,
Brillent de toutes parts perles et diamants,
Au bas de votre hôtel, là, sur un banc de pierre,
Gémit un orphelin glacé, sans mouvements.
    Laissez, laissez tomber, etc.

Riches, nobles et grands, à qui sur cette terre
Le ciel a dispensé ses plus chers faveurs,
Prêtez au malheureux un appui tutélaire,
Que votre mission soit de sécher des pleurs.
Laissez, laissez tomber une pieuse aumône
    Dans sa débile main.
Car Dieu bénit toujours, bénit celui qui donne,
    Qui donne au pauvre un peu de pain.

LE DOMINO ROSE

HISTORIETTE

Chantée par Mᵐᵉ **MEILLET** du Théâtre-Lyrique.

Paroles et musique d'Edmond LHUILLIER.

*La Musique se trouve chez L. VIEILLOT, éditeur,
32, rue Notre-Dame-de-Nazareth, à Paris.*

Un soir, voilà longtemps de ça,
Mais pourtant taisez bien la chose!
Couverte d'un domino rose,
Je fus au bal de l'Opéra.
J'y fus seule, sur ma parole,
Avec une amie, une folle.
Une autre fille d'Ève, hélas!
Plus que moi ne calculant pas,
   Mais sitôt arrivées,
   De tous entourées,
   Bientôt séparées!
   Jugez de mon effroi,
   Bien juste, ma foi,
   Quand, autour de moi,
   De tous côtés j'entendais:
   Qu'elle est belle,
   Qui donc est-elle?

Puis, chacun m'entourait !
Et tout bas, je disais :
Messieurs, je vous en supplie,
Laissez-moi, je vous prie !
Mais en chœur on répondait :
Beau masque, beau masque, beau masque, je te connais
Ah ! combien je tremblais,
De frayeur, oui, je tremblais !

Mais bientôt doubla ma frayeur,
Car, aux rires de l'assemblée,
Soudain je me vis accostée
Par un Pierrot fort tapageur.
« Ah ! mon charmant domino rose,
De ton cœur, si la porte est close ?
Me dit-il, en me tutoyant,
Entr'ouvre-la pour un instant !
Allons, réponds ma belle,
Ne sois pas cruelle
Quand l'amour t'appelle. »
Moi, je ne soufflais mot,
Quand, dans ce Pierrot,
Si fat et si sot,
Je reconnus mon mari !
Quel mystère !
Qui, pour affaire,
La veille était parti.
Et tout bas je disais :
Monsieur, je vous en supplie,
Laissez-moi, je vous prie.
Mais Pierrot me répondait :
Beau masque, beau masque, beau masque, je te connais.

Ah! combien je tremblais.
De frayeur, oui, je tremblais.

Beau masque, lui dis-je à mon tour,
Je vous connais bien, sur mon âme!
Et que penserait votre femme
En apprenant pareil amour?
Si ma femme avait, je t'assure :
Ton pied, tes yeux et ta tournnre,
Ton esprit, tes divins attraits!
Comme toi, je l'adorerais !
   Mais au diable soit-elle,
   Ne parlons plus d'elle,
   O ma toute belle !
   Allons plutôt souper,
   Je veux t'enlever
   Et te démasquer !
      — Me démasquer !
   Ah! dis-je, double traître,
      Trop tôt, peut-être,
   Tu pourras m'admirer!
   Puis, du bal, je partais
Avec lui qu'elle aventure,
Et montant en voiture,
De loin encore j'entendais
Beau masque, beau masque, beau masque, je te connais.
   Mais tout haut je riais,
   Car mon mari m'enlevait.

LES AMOURS

DE

GRAND SIMON

CHANSON

Chantée par **M. BERTHELIER**

Au théâtre de l'Opéra-Comique.

DANS : **LE DOCTEUR MIROBOLANT.**

Paroles de MM. Cormon et Trianon,
Musique de M. E. Gauthier.

La Musique se trouve chez MM. E. Gérard et C°, édit,
18, rue Dauphine, à Paris.

J'aimons un' fille d' la campagne;
Elle a du bien qui touche au mien,
    Qui touche au mien;
J'en voudrions fair' ma compagne,
L' veut-elle aussi?... j' n'en sais trop rien,
    J' n'en sais plus rien.
De ma tendress' drès que j' li parle,
A s' met à chanter pis qu'un marle :
    Et gai, gai, gai,
    Voici venir mai

Danse, fillette,
Danse, pauvrette,
Danse, fillette,
Danse toujours,
Mais ferme, pauvrette,
L'oreille aux amours.
Danse toujours,
   Toujours.   } *bis*.
  Et gai, gai, gai,   (*bis*.)
     Ah !
Son gai, gai, ma foi,
N'est point gai pour moi.

Au rigodon, chaque dimanche,
J'ons toujours grand soin de l'invitais,
   J' vais l'invitais,
Et pour lui plaire, j' me démanche,
Qu' j'en maigris à force d' sautais,
   A force d' sautais.
Mais qu'on s'embrasse après la danse,
Moi, j' n'attrappons qu'un' révérence.
   Et gai, gai, gai, gai, etc.

C'est y qu' all' m'aim' sans oser l' dire,
Je l' crairais, si c' n'est un grand gas,
   Un vilain gas,
Qui, l'autr' soir, avec un air d' rire,
Chez elle entrait à petit pas,
   A tout p'tit pas.
A la pluie attendant qu'il sorte,
J'entends un B..., (*bruit d'un baiser*) darrière la porte

(*Parlé.*) Oui, Monsieur, j' l'ai entendu, et savez-vous c' qu'all' disait ?

Et gai, gai, gai,
Voici venir mai,
Danse fillette,
Danse, pauvrette,
Danse, fillette,
Oui, danse toujours.
Mais ferme, pauvrette,
Ta porte aux amours,
Danse toujours,   (*bis.*)
Toujours, toujours.
Et gai, gai, gai, gai, gai, gai, gai,
Ah !
Son gai, gai, ma foi,
N'est pas gai pour moi.

Le Docteur Mirobolant, opéra-comique en un acte, de MM. Cormon et Trianon, musique de M. E. Gauthier, en vente à Paris, chez MM. Michel Lévy frères, éditeurs, rue Vivienne, 2 bis. Prix : 1 fr.

Paris. — L. VIEILLOT, éditeur et seul propriétaire,
32, rue Notre-Dame-de-Nazareth.

Paris. — Imprimerie A. Appert, passage du Caire, 56.

LA
ZAMBINELLA

CANZONETTA

Chantée par Mme FÉLIX MIOLAN-CARVALHO,
Aux concerts de la salle de *Herz*.

Paroles de M. Ernest Bourget,
Musique de Paul Henrion.

La Musique se trouve chez M. Colombier, *éditeur,*
6, *rue Vivienne, à Paris.*

)•O•(

O vous dont la riche mantille
Couvre perles et diamants,
N'oubliez pas la jeune fille
Qui charme Naples par ses chants;   (*bis.*)
Mes beaux seigneurs napolitains,
Belles dames napolitaines,
Écoutez tous ses gais refrains
Qui charmeraient des souveraines.
   Ah! ah! ah! ah! ah! ah!
Écoutez tous la povera,
    Poverina,
La povera Zambinella!
   Car elle vous charmera,
    Ah! ah! ah! ah!

Quand elle vous chantera,   (*bis.*)
Ah! ah! ah! ah!   (*bis.*)
Le doux refrain que voilà,
La, la, la, la, la, la, la, la, la, la, la, la,   (*bis.*)
Voilà la povera,
Ah! ah! ah!
Tra la la la la la la,
Voilà, voilà
La Zambinella!

Ainsi chantait la Zambinelle,
Lorsque le fils du roi passa;
Séduit par une voix si belle,
Il vint lui dire: ô povera!
Non, votre place n'est pas là!
A San-Carlo, prima donna,
Soyez la reine de nos reines,
Pour vous entendre on y verra
Napolitains, napolitaines,
Oui, désormais, c'est là que l'on verra
Povera Zambinella,
Notre diva prima donna!
Et quand elle chantera:
Ah! ah! ah! ah!
Un air d'opéra buffa,
Ah! ah! ah! ah!
Alors on applaudira
Ah! ah! ah! ah!
La diva Zambinella,
La, la, la, la, la, la,
La, la, la, la, la, la, la, la, la, la, la.

Brava la Zambinella !
Ah ! ah ! ah !
Tra, la, la, la, la, la, la,
Tra, la, la, la, la, la, la, la,
Brava ! brava !
La Zambinella !

Bientôt notre belle Italie
Vous saluera prima donna ;
Venise, à la gloire affaiblie,
Milan et sa fière Scala,
Voudront avoir Zambinella.
—Aux lazzarones, mes amis,
Qui chanterait la Saltarelle ?
Qui leur dirait leurs airs chéris ?
Ils n'auraient plus de Zambinelle...
Non, non, non, non, non, non, la povera,
Poverina, toujours sera
La povera Zambinella !
Pour eux elle restera,
Ah !
Povera, poverina !
Ah !
Toujours elle chantera,
Ah !
Voilà la Zambinella !
La, la, la, la, la, la, la, la, la, la, la, la,   (*bis.*)
Voilà Zambinella !
Ah ! ah ! ah !
Tra, la, la, la, la, la, la, la, la, la, la, la, la, la, la,
Voilà, voilà la Zambinella !

LES FLEURS DU CHEMIN

CHANSON

Chantée par **M. RENARD**, de l'Opéra,

Paroles de V. Dumarest, musique d'Alphonse Férat.

La Musique se trouve chez L. Vieillot, éditeur,
32, rue Notre-Dame-de-Nazareth, à Paris.

Chacun de nous a, dans la vie,
Sa part de joie et de douleurs,
Aujourd'hui notre âme est ravie,
Et demain nous versons des pleurs.
Qu'importe, après tout, qu'une épine
Se trouve sur nos pas demain,
Si Dieu, dans sa bonté divine,
De fleurs sème notre chemin.   *bis.*

Enfants, au sein de la famille,
Nous vivons aimant, craignant Dieu,
Jouant, l'été, sous la charmille,
Babillant, l'hiver, près du feu.
Dans sa tendre sollicitude,
Notre famille, un beau matin,
Nous dit : « après les jeux l'étude. »
Que de fleurs sur notre chemin !

A vingt ans, on rêve la gloire ;
On veut illustrer son pays :

Le soldat par une victoire,
Le poëte par ses écrits.
Vingt ans, c'est l'ami dont on presse
Chaque jour la loyale main,
C'est la jeune et folle maîtresse...
Que de fleurs sur notre chemin !

A trente ans, la raison jalouse,
Dit à la folie : « à mon tour. »
Après la maîtresse l'épouse,
Après le caprice l'amour.
Bientôt l'épouse devient mère,
Bientôt un petit chérubin
Nous donne le doux nom de père...
Que de fleurs sur notre chemin !

Quand arrive la soixantaine,
Nous ressentons un noble orgueil
En voyant notre chambre pleine
D'enfants qui nous font doux accueil.
Et quand, pour une autre patrie,
La mort nous appelle soudain,
Nous partons, regrettant la vie,
Que de fleurs sur notre chemin.

LA CLOCHE DU SOIR.

PASTORALE.

Paroles de M. A. BRESSIER, musique de M. L. CLAPISSON.
La Musique chez L. VIEILLOT, 32, *r. N.-D.-de-Nazareth.*

L'ombre descend avec mystère
Dans les vallons silencieux ;
Ave Maria sur la terre,
Ave Maria dans les cieux.
Oui, voici l'heure, ô Vierge sainte,
Où le monde entier te bénit,
Tandis que la cloche qui tinte *} bis.*
Pleure au loin le jour qui finit.

Côteaux charmants, vertes campagnes,
Buissons fleuris, étroit chemin,
Échos des bois et des montagnes,
Adieu, dit le pâtre, à demain.
Suivi de son troupeau qui bêle,
Au village il rentre en chantant,
Car l'angelus sonne et l'appelle *} bis.*
Près de sa mère qui l'attend.

Moment de paix et de prière,
Moment d'amour et de bonheur,
Tu réunis dans la chaumière
La famille du laboureur.
Le pèlerin, l'âme attendrie,
Au foyer peut enfin s'asseoir...
Et l'exilé rêve patrie *} bis.*
Au bruit de la cloche du soir.

LA BOUQUETIÈRE DU ROI

Paroles et musique d'A. DE CLÉMENCEAU SAINT-JULIEN.
La Musique se trouve chez MM. E. GÉRARD et Cie *édit.*
18, *rue Dauphine, à Paris.*

Je suis la bouquetière
De la cour et du roi,
Et chacun, pour me plaire,
Veut vivre sous ma loi ;
Tantôt c'est un beau sire
Qui vient m'offrir son cœur,
Mais de sa tendre ardeur
Moi je ne fais que rire.
  Ah !
Voyez, voyez mes fleurs,
Admirez leurs couleurs,
  Ah !

J'en ai pour tous les goûts,
Venez, fleurissez-vous.
Achetez mes belles,
Mes fleurs sont nouvelles :
A vous, vieux baron,
Ce myrthe pompon...
A vous jeune fille
Dont le regard brille,
Rose au parfum doux,
Fraîche comme vous,   } *bis.*
Rose au parfum doux.
  Ah !
Voici la bouquetière,   } *bis.*
  Ah !

La voilà, la voilà, la voilà,
        Ah!   } bis.
La voilà, la voilà, la voilà, la voilà, la voilà.   (bis.)

Pour une grande dame,
Quand je fais des bouquets,
Je me dis en mon âme,
Ah! si je le voulais...
A travers ma prunelle,
D'un regard agaçant,
Je rendrais à l'instant
Son amant infidèle.
        Ah! voyez, etc.

Le roi Louis quinzième,
Un jour en me voyant,
Me dit: Vrai Dieu! je t'aime!
Si tu veux, mon enfant,
A toi carosse et page
Pour être aimé de toi...
Non! répondis-je au roi,
Car je veux rester sage!   (bis.)
        Ah!
Voyez mes fleurs,
Admirez leurs couleurs...
        Ah!
J'en ai pour tous les goûts,
Venez, fleurissez-vous.
Achetez mes belles,
Mes fleurs sont nouvelles:
A vous, vieux baron,
Ce myrthe pompon...

A vous jeune fille
Dont le regard brille,
Rose au parfum doux,
Fraîche comme vous,
Rose au parfum doux,   (*bis.*)
Fraîche comme vous.
    Ah!
Voici la bouquetière,   } *bis.*
    Ah !
La voilà, la voilà, la voilà,
    Ah !
La voilà, la voilà, la voilà,
La voilà, la voilà, la voilà, la voilà, la voilà.

MODESTIE DE JEUNE FILLE

BLUETTE.

Paroles et musique de Mme Amélie PERRONNET.

*La Musique se trouve chez M. PETIT aîné, éditeur,
Palais-Royal, galerie Montpensier, 50.*

Si je croyais ma voix légère,
Si j'espérais plaire en chantant,
Il me suffirait, seulement,
De passer près d'une clairière
    En écoutant,
Sous les feuilles discrètes,
Les rossignols et les fauvettes,
Dans leurs joyeux gazouillements,
Chanter les charmes du printemps,
    Ah ! ah !
Et tout bas je dirais bien vite,
En me faisant un humble aveu :

Comment oser chanter, petite,   (bis.)
Après les oiseaux du bon Dieu?   (bis.)

Si je me croyais quelques charmes,
Ou de fraîcheur ou de beauté,
Dieu fit assez, en vérité,
Pour abaisser, malgré mes larmes,
          Ma vanité.
Dans le brillant parterre
La rose étale, belle et fière,
Et sa fraîcheur et ses attraits,
Dont nul n'approcha jamais,
          Ah! ah!
Établissant le parallèle,
Je me ferais cet humble aveu :
Comment oser se trouver belle   (bis.)
A côté des oiseaux du bon Dieu?   (bis.)

Si je croyais à l'importance
Que je puis avoir ici-bas,
Si l'orgueil me soufflait tout bas
Si peu que rien de suffisance.
          A chaque pas
Que je fais dans la vie,
En voyant la mer infinie,
Et la nature et sa splendeur,
Je rougirais de mon erreur,
          Ah! ah!
Sans chercher à plaider ma cause,
Je me ferais cet humble aveu :
Hélas! que je suis peu de chose,   (bis.)
Près des merveilles du bon Dieu.   (bis.)

MARIE-ANNE

CHANSON CRÉOLE

Par Marc CONSTANTIN.

Chantée par **M. F. BERTHÉLIER.**

De l'Opéra-Comique.

La musique chez MM. HEUGEL et C°, 2 *bis, r. Vivienne.*

Moi, suis né à la Havane,
Oh la hé !
Au milieu d'un champ de canne,
Oh la hé !
Quand dormir sous la liane
Du planteur,
Moi, rêver de ma cabane
Tout en fleur !
Et moi pense à p'tit' négresse
A qui j'ai donné ma tendresse.
Oh ! moi souvenir, Marie-Anne,
Tous les jours,
De tes jolis yeux, Marie-Anne,
Mes amours !
Ah !

Nous allions dans la savane,
Oh la hé !
Chercher cocos et banane,
Oh la hé !

Et sur la mer Océane,
Tous deux près,
Sur notre pirogue en panne,
Moi chantais ;
Quand pirogue balançait,
Ell' voir peur, et moi l'embrassais !
Oh ! moi souvenir, Marie-Anne,
Pour toujours,
De tes jolis yeux, Marie-Anne,
Mes amours !
Ah !

Maint'nant, moi travaille et glane,
Oh la hé !
Corps se brise et cœur se fane,
Oh la hé !
Le bambou, sur ma basane,
M'a tigré,
Et le maître à moi ricane
Quand pleuré.
Mais ce soir, quand nuit viendra,
Petit nègue y s'échappera !
Pour t'aller trouver, Marie-Anne,
Mes amours,
Et rester près toi, Marie-Anne,
Pour toujours !
Ah !

Paris. — *L. VIEILLOT, éditeur et seul propriétaire,*
32, rue Notre-Dame-de-Nazareth.

Paris. — Imprimerie **A. Appert**, passage du Caire, 56.

LES HIRONDELLES

DE BÉRANGER

MÉLODIE

Paroles de M. F.-J. GIRARD, musique de J. COUPLET.

La musique se trouve chez M. PETIT aîné, éditeur, galerie Montpensier, 50, (Palais-Royal).

Charmantes hirondelles,
O vous, dont le printemps
Vit déployer les ailes
Malgré la faulx du Temps ;
Revenez sous l'ombrage
Répéter ses accents,
Hélas ! sous ce bocage
Il n'est plus de doux chants.
Celui qui vous vit naître
Ne peut plus, aujourd'hui,
Vous ouvrir sa fenêtre,
Il faut chanter pour lui...

Hirondelles gentilles,
BÉRANGER, autrefois,
Sous ces vertes charmilles,
Écoutait votre voix.
Assis dans le bois sombre,
Sa muse le suivait,
Et là, tranquille, à l'ombre,
Le poète écrivait.
Celui qui vous vit, etc.

A la saison dernière,
Il partit avant vous,
Malgré votre prière,
Le Temps en fut jaloux.
L'affreux Temps qui moissonne,
Moissonna votre ami,
Il n'épargne personne,
Tout passe, hélas ! ici.
    Celui qui vous vit, etc.

Sur les vieilles tourelles
Où vous faites vos nids,
Charmantes hirondelles,
Dites à vos petits :
Le soir, quand la nuit tombe,
Allons près du saint lieu,
Répéter sur sa tombe
Notre éternel adieu !...
Celui qui vous vit naître
Ne peut plus, aujourd'hui,
Vous ouvrir sa fenêtre,
Il faut chanter pour lui...

L'ÉCOSSE EST MA PATRIE

ROMANCE.

Paroles de Mᵐᵉ Laure JOURDAIN,
Musique de W. NEULAND.

La Musique chez M. COLOMBIER, *édit.*, 6, *rue Vivienne.*

L'Écosse est ma patrie,
Les forêts mon hameau,

La bruyère fleurie
Parfuma mon berceau.
La plus humble chaumière
Jamais ne m'abrita ;
La pauvre chevrière,
Toujours pourtant chanta :
A moi, à moi, les beaux lys de la plaine,
A moi, à moi, leur enivrante haleine ;
A moi, à moi, les plaintes des roseaux,
A moi, seule à moi, le miroir des ruisseaux.

Assise un jour sur l'herbe,
Auprès de mon troupeau ,
Passa, jeune et superbe,
Le seigneur du château.
Dans mon âme éblouie,
Il resta bien longtemps,
Mais, hélas ! tout s'oublie,
Et j'ai repris mes chants :
A moi, à moi, les beaux lys, etc.

Un pâtre du village,
Un enfant orphelin,
Depuis, en mariage,
Me demanda ma main.
Mais pour la chevrière
Il n'était plus da'mour,
Et, pauvre solitaire,
Elle chante toujours :
A moi, à moi, les beaux lys, etc.

IL FAUT PARTIR!

ROMANCE DRAMATIQUE

Chantée par **M. RENARD** de l'Opéra,

Paroles de H. DESOMBRAGES, musique de M. F. COPPINI.

La Musique se trouve chèz L. VIEILLOT, *éditeur,*
32, rue Notre-Dame-de-Nazareth, à Paris.

Il faut partir, les flots sont encor bleus,
Le ciel est pur et la mer est tranquille,
La brise ondule, enfant, tes noirs cheveux,
Pourquoi trembler, rieuse jeune fille,
L'ange des mers veillera sur mes jours.
Va, bonne sœur, retourne à la chaumière,
Sèche tes pleurs, console notre mère,
A Thérésa porte aussi mes amours.

      Marie, de ma voile
      Sera la blanche étoile,
      Et le bras protecteur,
      L'ange consolateur.
      Pas de plainte importune !
      Demain sur la lagune
      Reviendra le pêcheur.   (bis.)

Il faut partir ! vois-tu, vers le fanal ;
Notre vieux père hisser sa voile grise,

Plus de retard... adieu lit virginal,
De Thérésa blanche fleur de Venise,
Il faut partir... à la garde de Dieu !...
Père, les ans ont endurci ton âme,
Regarde au seuil du foyer cette femme
Au front ridé, me dire encore adieu !...

     C'est ma mère inquiète
     Du chant de la mouette
     Sombre cri de terreur,
     Du gros temps précurseur,
     Car sa voix importune
     Planant sur la lagune,
     Redit toujours malheur !...

Il faut partir ! et par ces derniers mots
Piétro disait : que mon destin s'achève.
La nuit tomba, le tonnerre et les flots,
En se roulant déchirèrent la grève !
Avec le jour deux corps sont revenus
Inanimés se briser sur la rive,
Et sur le sable où dort l'onde plaintive,
Folles, erraient deux femmes aux pieds nus. .

     De leurs yeux en alarmes
     Perlaient encor des larmes
     Que buvait le zéphir.   (bis.)
     Toutes deux désolées,
     Pâles, échevelées,
     Disaient : il faut partir !   (bis.)

LES OISEAUX DU FOU

ROMANCE.

Paroles de Mᵐᵉ C. BERTON, musique de M. F. MICHEL.

La musique se trouve chez MM. GÉRARD et Cᵗᵉ., *édit.,*
18, *rue Dauphine, à Paris.*

Petits oiseaux, mangez sur ma fenêtre,
De ce pain noir que vous offre ma main,
Mangez-en bien aujourd'hui ear peut-être
Ni vous, ni moi n'en mangerons demain.
Vous souvient-il de la jeune maîtresse
Qui, chaque jour, vous appelait ainsi,
A mon amour préférant la richesse,
Elle est partie et je suis seul ici.
        Petits oiseaux, mangez, etc.

En soupirant lorsque je la réclame,
On me repousse, on me nomme insensé,
Ah! rendez-moi cette part de mon âme,
Ou tout l'amour qu'en son cœur j'ai placé.
        Petits oiseaux, mangez, etc.

Petits oiseaux, chantez, elle est si belle,
Et votre chant pour elle a tant d'appas,
Mais qu'ai-je dit, elle m'est infidèle,
Moi. j'en mourrai, petits, nᵉ chantez pas.
Petits oiseaux, mangez sur ma fenêtre,
De ce pain blanc que vous offre ma main,
Mangez-en bien aujourd'hui, car peut-être
Ni vous, ni moi n'en mangerons demain.

FLEUR DES ALPES

TYROLIENNE DE HOLZEL.

Paroles traduites par M. Jules Lovy,

Musique arrangée avec vocalise par M. J.-B. WEKERLIN.

La Musique chez MM. HEUGEL et Cⁱᵉ, *2 bis, r. Vivienne.*

Jadis je possédais ton cœur,
Plus d'amour et plus de bonheur !
Toi qui m'aimais si tendrement,
Me regardais si doucement,
Aujourd'hui tu ne m'aimes plus ;
Tes serments tu les as rompus,
Je suis loin de ton souvenir
Et n'ai plus qu'à mourir !
La la la la la a (*bis*) la la la la la la la la,
A a a a a la la la la.

Depuis qu'il a trahi sa foi,
Rien n'a plus de charmes pour moi ;
Écho plaintif, viens recueillir
Mes regrets, mon dernier soupir !
Je n'attends plus rien ici-bas :
Bonheur perdu ne revient pas,
Et mon cœur ne demande au ciel
Qu'un repos éternel !
La la la, etc.

Ruisseaux, châlets, vallons heureux,
Doux berceau de nos premiers jeux,

Témoins constants de nos amours,
Je vous dis adieu pour toujours!
Amour, serments, bonheur passé,
Qu'à jamais tout soit effacé!
Tendres regards, propos flatteurs,
Fuyez songes menteurs.
La la la la la a (*bis*) la la la la la la la, la,
A a a a a la la la la.

JALOUX! JALOUX!

CHANSONNETTE.

Paroles et musique de Gustave NADAUD.

*La Musique se trouve chez MM. HEUGEL et Cie, édit.,
2 bis, rue Vivienne, à Paris.*

A M. GÉRALDY.

Quelle est-elle, la jeune femme
  Que nous-aimons,
Au col d'ivoire, aux yeux de flamme,
  Aux cheveux blonds?
Qu'elle est belle, qu'elle est belle!
  Qui doit vivre pour elle?
    Jaloux! jaloux,   (*bis.*)
    Ce n'est pas vous!   (*bis.*)

Que de fierté dans cette tête!
  Et cependant,
Ici, parfois, elle s'arrête,
  En regardant.

Qu'elle est belle, qu'elle est belle !
  Mais qui regarde-t-elle ?
    Jaloux, jaloux,
      Ce n'est pas vous !   (*bis.*)

Quand sur sa cavale elle passe
    Comme le vent,
En vain votre regard se lasse
    En la suivant.
Qu'elle est belle, qu'elle est belle !
  Mais qui donc poursuit-elle ?
    Jaloux, jaloux,
      Ce n'est pas vous !   (*bis.*)

Parfois, dans le bois solitaire,
    Elle s'enfuit,
S'enveloppant dans le mystère
    Et dans la nuit ;
Qu'elle est belle, qu'elle est belle !
  Mais qui donc attend-elle ?
    Jaloux, jaloux,
      Ce n'est pas vous !   (*bis.*)

Elle s'arrête, elle regarde :
    Elle a souri ..
Et pourtant elle est sous la garde
    D'un vieux mari.
Qu'elle est belle, qu'elle est belle !
  Mais qui donc aime-t-elle ?
    Jaloux, jaloux,
      Ce n'est pas vous.   (*bis.*)

UN TALENT

D'AGRÉMENT

CHANSONNETTE

Chantée par Mlle CÉLINE **MONTALAND**,
du théâtre du Palais-Royal.

Paroles et musique de M. Edmond LHUILLIER.

La Musique se trouve chez MM. HEUGEL et Cie, *édit.,*
2 bis, rue Vivienne, à Paris.

« Allons, vite mademoiselle,
Mettez-vous à votre piano ;
Jouez, rejouez de plus belle,
Gammes, sonates et concerto ! »
—Voilà ce qu'on me dit sans cesse
Du matin au soir, quel plaisir !
Aussi, tout haut je le confesse,
Le piano m'ennuie à périr !
   Encor si par moment,
   Je pouvais seulement
   Jouer quelque polka
   Ou quelque mazurka !

Mais non, toujours ce vieux classique,
C'est ennuyeux, c'est endormant !
Voilà pourtant ce qu'en musique
Chacun appelle un talent d'agrément.

Pour la fête de ma marraine
Je travaillais depuis six mois,
Une sonate qu'à grand peine
Je m'étais mise dans les doigts !
Arrive le soir de sa fête !
Et je m'escrimais de mon mieux
Quand je vois, en levant la tête,
Chacun bailler, fermer les yeux !
    Bien loin de m'écouter
    Et de m'encourager,
    Tour à tour du salon,
    On partait sans façon !
Et moi troublée et toute en larmes,
Perdant mesure et mouvement,
Je leur prouvai par mon vacarme
Comment se venge un talent d'agrément.

J'avais bien juré qu'aux vacances
Le piano serait de côté,
Mais hélas ! vaines espérances !
Ce fut bien pis, en vérité,
Car aussitôt qu'une visite
Arrivait, ma mère à l'instant
Au piano m'installait vite
Pour faire admirer mon talent !
    Et chacun, poliment,
    Me faisait compliment !

Mais moi je voyais bien
Que l'on n'en pensait rien !
Dites-moi donc, je vous en prie,
Par quel étrange aveuglement,
Un talent dont chacun s'ennuie,
Peut s'appeler un talent d'agrément.

Aux cieux en vain le soleil brille ;
L'oiseau chante en vain dans les bois !
Pendant ce temps moi, pauvre fille,
Je reste à me briser les doigts !
Et dans quel but, je vous demande,
Car, à part moi, j'ai remarqué
Que plus tard, lorsque l'on est grande,
On met le piano de côté !
Certes, je le ferai
Lorsque je grandirai !
Mais en attendant
Ce trop heureux moment,
Sur mon piano passons ma rage,
Tapons bien fort, le plus souvent,
Frapper, crier, faire tapage,
Cela s'appelle un talent d'agrément.

Paris. — L. VIEiLLOT, éditeur et seul propriétaire,
32, rue Notre-Dame-de-Nazareth.

Paris. — Imprimerie A. Appert, passage du Caire, 56.

LE PANIER

DE

JEANNE

VILLANELLE

Chantée par Mme **LEFÉBURE-WÉLY**,
Aux concerts de la salle de *Herz*.

Paroles de M. Alexandre FLAN,

Musique de Paul HENRION.

La Musique se trouve chez M. Colombier, éditeur,
6, rue Vivienne, à Paris.

Jeanne, la fille du vannier,
Assise au milieu des pervenches,
De l'oseraie aux vertes branches
Tresse le plus charmant panier.
Est-ce pour le vendre à la ville?
La belle enfant répond : nenni :
Et sa voix légère et facile
Dit ce refrain trop tôt fini :   (*bis.*)

Plus d'un galant demande
A me faire la cour,
Je veux, par son offrande,
Juger de son amour ;
Riez de mon système,
Mais mon joli pannier
Me dira si l'on aime   (*bis.*)
La fille du vannier,
    Ah ! ah !
Me dira si l'on aime,
      Ah !
La fille du vannier.

Soudain s'avance un financier,
Qui se tenait derrière un arbre !
Holà ! fillette au cœur de marbre,
Reçois cet or dans ton panier.
Nenni, répond la belle Jeanne,
Gardez votre or, mon beau seigneur,
Une telle offrande est profane,
Je ne veux pas vendre mon cœur,   (*bis.*)
    Plus d'un galant, etc.

Puis arrive un bel officier,
Moustache en croc, poing sur la hanche :
Holà ! fillette à la main blanche,
Reçois ces fleurs dans ton panier.
Ah ! dit l'enfant aux quinze années,
Avant que finisse le jour,
Ces pauvres fleurs seront fanées...
Triste présage pour l'amour.   (*bis.*)
    Près d'un galant, etc.

On vient... c'est Pierre, le meunier ;
Pauvre garçon, comme il soupire,
Puis il jette, avec un sourire,
Un simple anneau dans le panier.
Jeanne rougit... bonne espérance !
Jeanne ne répond plus nenni,
Et, comme un signe d'alliance,
Passe à son doigt l'anneau béni.   (*bis.*)

    Plus d'un galant demande
    A me faire la cour ;
    Mais j'ai, par son offrande,
    Jugé de son amour...
    Essayez du système,
    Car mon joli panier
    M'a bien dit que l'on aime   (*is.*)
    La fille du vannier,
            Ah !
    M'a bien dit que l'on aime,
            Ah !
    La fille du vannier.

LE BONHEUR
FUIT TOUJOURS

MÉLODIE.

Paroles de M. L. D'ESTOURNELLES,

Musique de M. A. NESLE.

La Musique se trouve chez MM. HEUGEL et Cie, édit.,
2 bis, rue Vivienne, à Paris.

Pourquoi, brune hirondelle,
Partir, le ciel est gris ?
Viens reposer ton aile,
Viens sous nos doux abris.
Elle fuit vite, vite,
Et s'en va loin de nous,
Car le printemps l'invite
Sous un climat plus doux...
Ainsi que l'hirondelle,
S'en vont nos plus beaux jours ;
Le bonheur fuit comme elle,
Mais, hélas ! pour toujours !

Au printemps de la vie
Le ciel est doux et pur,
Et notre âme ravie
Le voit toujours d'azur.
La rose est parfumée,
L'orient est vermeil,
Une douce pensée
Nous sourit au réveil...
Mais comme l'hirondelle, etc.

Mais la saison brûlante
A dépouillé nos bois,
Et la fleur et la plante
Se penchent à la fois.
Déjà s'étend la brume,
Le sentier devient noir,
Le flambeau qui s'allume
Brille au loin, c'est le soir.
Ainsi que l'hirondelle,
Sont partis les beaux jours,
Ils reviendront comme elle,
Le bonheur fuit toujours.

DEUX LARMES.

MÉLODIE

Chantée par **M. V. DIDIER.**

Paroles de M. E. Tissot, musique de M. L. Abadie.
La Musique chez MM. Heugel et Cie, 2 *bis, r. Vivienne.*

◦《O》◦

Au soleil du bon Dieu tu pris un jour la vie,
Marguerite des champs, fleur d'espoir, humble fleur,
Pour savoir l'avenir un jour je t'ai cueillie,
Pardonne et viens mourir au soleil de mon cœur. (*bis*.)
      Rêves de mon enfance,
      Mes beaux rêves chéris,
      L'ange de l'espérance
      Vous garde au paradis.

Que de fois, douce fleur, sur ta tige brisée,
Avec des mots d'espoir mes lèvres ont passé !
Que de fois ton calice a reçu la rosée
Qui tombait de mes yeux en songeant au passé.
      Rêves de mon enfance, etc.

Sais-tu pourquoi j'aimais à contempler tes charmes ?
C'est qu'un ange des cieux qui m'apparut un soir,
En me quittant, sur toi laissa tomber deux larmes !...
Que j'aimais ce bon ange et ne puis le revoir.   (*bis*.)
      Rêves de mon enfance,
      Mes beaux rêves chéris,
      L'ange de l'espérance
      Vous garde au paradis.

LE
PÈRE TRANQUILLE.

CHANSONNETTE.

Chantée par **M. BERTHELIER,**
De l'Opéra Comique,
Aux concerts de la salle de Herz.

Paroles de M. J.-D. MOINAUX, musique de V. PARIZOT.

La Musique chez MM. E. GÉRARD et C°, 18, *rue Dauphine*

J' vois des gens s' fair' de la bile,
Que la moindre chos' pousse à bout ;
Moi, l'on m'appell' le Pèr' tranquille,
Vu que je me moque, par goût,
  De tout.
Je trouv', quoi qu'on m' fasse ou qu'on m' dise,
Que se fâcher, c'est d' la bêtise ;
Ni le méchant, ni le railleur
Ne pourront changer mon humeur.
  Ah ! ben ma foi,
 Qué qu' ça me fait à moi
 Que l'on me plaisante,
 Que l'on me tourmente.
  Ça n' me rend pas
 Pus maig' ni pus gras,
Et, riant de tout, j' n'ai jamais de tracas.

Le doux jus que donne la treille
Est, dit-on, le lait du vieillard,
De ce lait à couleur vermeille,
C'est l' moins 'que j' prenn' par hasard
    'Ma part.
Ces jours là toute la marmaille,
Après moi galoppe et me raille.
Pauv's enfants, j' crirais après eux?
Non, de m' voir ils sont trop heureux.
    Ah ! ben ma foi, etc.

De p'tits freluquets à moustache,
Bien que n' m'ayant jamais connu,
L'autre jour me trait'nt de ganache
Et rient d' mon vieux crân' dev'nu
    Tout nu.
On peut m'app'ler chauve ou baroque,
Je déclare que je m'en moque,
C' n'est pas de m' montrer furieux
Qui m' donnera d' l'esprit ni des ch'veux.
    Ah ! ben ma foi, etc.

J'eus des amis, de la richesse,
Une épouse que j'aimais bien ;
On s'est joué de ma tendresse,
Maintenant amis, femme, bien...
    Plus rien.
On rit d' mes malheurs en ménage,
Mais je mépris' ce bavardage ;
Puisque c'est fait, c' qu'on dit tout bas,
Le diable n'en empêch'rait pas.
    Ah ! ben ma foi, etc.

Je ressemble au pilote habile
Qui conduit le vaisseau de l'État,
En dépit des braillards je file,
Et laisse tomber tout débat
        A plat.
Sans émoi je vois la tempête,
Sans éclat je fais à ma tête,
Et jusqu'à la fin de mes jours
On m'entendra dire toujours :
        Ah ! ben ma foi,
    Qué qu' ça me fait à moi
    Que l'on me plaisante,
    Que l'on me tourmente,
        Ça n' me rend pas
    Pus maig' ni pus gras,
Et, riant de tout, j' n'ai jamais de tracas.

BARCAROLLE.

Paroles de M. A. LINDEN, musique de M. Ed. MOUZIN.
La Musique chez MM. HEUGEL et Cⁱᵉ, **2** *bis, r. Vivienne.*

    Notre belle gondole
    Que balancent les flots,
    Attend la barcarolle
    De ses gais matelots.
    La mer n'a point de lames,
    L'horizon est serein ;
    Au doux bruit de nos rames
    Chantons notre refrain :   (*bis.*)

Vogue, vogue, barque vaillante,
Ton grand mât est paré de fleurs;
Ondule ta croupe élégante,
Va chercher le pain des pêcheurs.

      La, la, la, la, la.   (*bis.*)

Le vent souffle, à la plage
Adressons notre adieu;
Pour conjurer l'orage
Nous savons prier Dieu.
Si la mer est profonde,
La terre a son danger,
Chacun vers l'autre monde
Rame sans y songer.   (*bis.*)

      Vogue, etc.

Nos femmes, sur la grève,
Consultent le soleil,
Plus d'un sinistre rêve
Troublera leur sommeil.
Au vent qui nous entraîne
Confions notre sort,
Avant une semaine
Nous reviendrons au port.   (*bis.*)

Vogue, vogue, barque vaillante,
Ton grand mât est paré de fleurs,
Ondule ta croupe élégante,
Va chercher le pain des pêcheurs.

      La la la la la.   (*bis.*)

L'ÉTÉ

DE LA

SAINT-MARTIN.

CHANSON

Chantée par M. Paul **MALÉZIEUX**,

Aux concerts de la salle de Herz.

Paroles et musique de Gustave NADAUD.

La Musique se trouve chez MM. Heugel et Cie, *édit.,*
2 bis, *rue Vivienne, à Paris.*

Voici les plaines dépouillées,
Les horizons sont élargis,
L'automne amène les veillées,
Rentrons le bois mort au logis.
Pourtant le soleil qui nous quitte
Semble avoir regret de sa fuite;
Gaîment il brille ce matin,
C'est l'été de la Saint-Martin.   (bis.)

Un vieux tilleul du voisinage,
Effeuillé déjà dès longtemps,
S'est mis bravement à l'ouvrage,
Croyant au retour du printemps.

L'aimable erreur de la nature,
D'une renaissante verdure
A couronné son front hautain,
C'est l'été de la Saint-Martin.   (*bis.*)

Déjà deux fauvettes frileuses,
Se souvenant de leurs beaux jours,
Et de la saison oublieuses,
Ont recommencé leurs amours.
Leur voix chante encore plus douce ;
Elles vont becquetant la mousse
Pour bâtir un nid incertain...
C'est l'été de la Saint-Martin.   (*bis.*)

Allons par les plaines désertes,
Près du tilleul qui rajeunit :
Allons voir sous les feuilles vertes
Les fauvettes faire leur nid.
En voyant leurs amours fidèles
Nous ferons un retour, comme elles,
Vers un passé déjà lointain,
C'est l'été de la Saint-Martin.   *bis.*)

Paris. — L. VIEILLOT, *éditeur et seul propriétaire,*
32, *rue Notre-Dame-de-Nazareth.*

Paris. — Imprimerie A. Appert, passage du Caire, 56.

LE VIN DE FRANCE

CHANSON

Chantée par **M. RENARD**, de l'Opéra.

Paroles de M. Ernest Massen,
Musique de M. Martela.

La Musique chez L. Vieillot, 32, *r. N.-D.-de-Nazareth.*

En fait de vins, mes amis, je préfère
Cent mille fois la France à l'étranger,
Trouveriez-vous mon palais trop sévère?
En francs buveurs sachez donc le juger.
Si notre globe en vins fameux abonde,
Nos crûs à nous sont les plus glorieux.
Le vin de France a fait le tour du monde
Laissant partout des souvenirs joyeux.   } *bis.*

Oui, notre vin, c'est le sang de la France,
Sang généreux, qui pétille toujours :
Sa sève au cœur fait monter l'espérance,
Et rajeunit les plus vieilles amours.
Honneur ! honneur à toi, grappe féconde !
Des pleurs divins ruissellent de tes yeux.
     Le vin de France, etc.

Des sots ont dit : Anathème à la terre,
Et du raisin fait un fruit défendu ;
C'est bon encor pour la vieille Angleterre,
Mais au sermon nous n'avons pas mordu.
De BÉRANGER la muse rubiconde
A chanté l'hymne au dernier de nos dieux.
        Le vin de France, etc.

Qui fait bondir le cœur dans nos poitrines,
Aux cris de guerre, au nom de liberté?
C'est toi vieux jus de nos vieilles collines,
Sauveur nouveau de notre humanité.
Vienne le jour où l'Europe à la ronde,
Fraternisant dans un banquet joyeux,
Te saluera le premier vin du monde,   } bis.
Le vin des cœurs virils et généreux.

DANS MON CHATEAU

CHANSONNETTE POUR VOIX DE BASSE.

Paroles de M. É. BARATEAU, musique de L. CLAPISSON.

La Musique chez L. VIEILLOT, 32, *r. N.-D.-de-Nazareth.*

        A son ami Eugène DE BOURNONVILLE.
Sitôt que vous serez ma femme,
Nous irons dans le Morbihan,
Car loin de Paris vous réclame   } bis.
Mon vieux château, près l'Océan...

Je vous le dis avec franchise,
Que votre destin sera beau,

Quand vous serez dame et marquise,
   Dame et marquise
   Dans mon château !
Je vous le dis avec franchise,
Que votre destin sera beau !

Un large fossé l'environne,
Il est caché par des tilleuls,
Jamais je n'y reçois personne,
Nous y vivrons tous les deux seuls.—Je vous, etc.

Si la musique vous égaie,
Chez moi vous entendrez souvent
Le chant du hibou, de l'orfraie,
Se mêler aux concerts du vent...—Je vous, etc.

Vous verrez, dans nos jours de fêtes,
Danser mon bailli, mes vassaux ;
Et puis, dans les jours de tempêtes,
Vous verrez périr nos vaisseaux...—Je vous, etc.

Quand, du coq la voix mal apprise
Interrompra votre sommeil !
Vous pourrez vous lever, marquise,
Pour voir se lever le soleil...—Je vous, etc.

Et chaque soir, lorsque dans l'ombre,
Le soleil ira se cacher,
Sitôt, enfin, qu'il fera sombre,   } bis.
Vous pourrez vous aller coucher...
Je vous le dis avec franchise, etc.

PETIT OISEAU
CHANTE TOUJOURS

MÉLODIE.

Paroles de Mᵐᵉ Louise SABATIER,

Musique de Jules COUPLET.

La Musique se trouve chez M. PETIT aîné, éditeur,
Palais-Royal, galerie Montpensier, 50.

A Mˡˡᵉ Francine CORNETTE.

Sur le penchant de la colline
Arrêtons-nous auprès du bois,
Sous ce frais buisson d'aubépine
J'entends une bien douce voix,
　　　Ah !
C'est le chant de la fauvette,
Le chant joyeux de ses amours,
Petit oiseau chante toujours.　　　(bis)
Et que ta voix fraîche et coquette
Célèbre avec moi les beaux jours.
　　Ah ! ah ! ah ! ah !
　　Chantons toujours,　　　　} bis.
Il n'est qu'un temps pour les amours. }

Quand le soleil luit tout folâtre,
Je vois le léger papillon,
Effleurant la rose et l'albâtre
Tout en décrivant un sillon.
Comme le chant de la fauvette,
Il vient annoncer les beaux jours,
Beau papillon vole toujours.   (*bis.*)
Et que ton allure coquette
Annonce le temps des amours.
      Ah! ah! ah! ah!
      Vole toujours,
Il n'est qu'un temps pour les amours.

Que vois-je, à travers le feuillage,
Jeanne, dont mon cœur a fait choix,
C'est la plus belle du village,
Que vient-elle donc faire au bois?
Unir son chant à la fauvette
Pour mieux célébrer nos amours.
Oh! ma Jeanne, chante toujours.   (*bis.*)
Et que ta voix fraîche et coquette
Du printemps charme les beaux jours.
      Ah! ah! ah! ah!
      Chantons toujours :   *bis.*
Il n'est qu'un temps pour les amours.

ESPÈRE

ROMANCE.

Paroles de M E. BARATEAU, musique de L. CLAPISSON.
La Musique chez L. VIEILLOT, 32, r. *N.-D.-de-Nazareth*

Espère, espère, il reviendra, ma fille,
Ne pleure pas (*bis*), il reviendra, il reviendra,
    Oui, dans mon cœur, cet espoir brille,
    J'ai tant prié pour lui, ma fille,
    Que Dieu nous le ramènera !

    Crois-moi, quand l'hiver nous assiège,
    Dieu nous promet des jours meilleurs,
    Et sa main cache sous la neige
    De la verdure et mille fleurs...
       Espère, espère, etc.

    Et l'été, dans nos jours d'orage,
    Quand l'horizon est tout en feu,
    Tu sais que le plus noir nuage
    Voile souvent un beau ciel bleu...
       Espère, espère, etc.

    Ainsi, pour calmer la souffrance,
    Pour tromper les chagrins du cœur,
    Le ciel nous donna l'espérance...
    Vois-tu, c'est presque du bonheur...
Espère, espère, il reviendra, ma fille,
Ne pleure pas (*bis*), il reviendra, il reviendra ;
    Oui, dans mon cœur, cet espoir brille,
    J'ai tant prié pour lui, ma fille,
    Que Dieu nous le ramènera.

CHACUN
A SA MANIÈRE DE VOIR.

CHANSONNETTE

Chantée par **M. CASTEL**,

Aux Concerts de la salle de Herz,

Paroles de M. Édouard KNOEPFLIN,

Musique de J. Marc CHAUTAGNE.

*La musique se trouve, à Paris, chez M. PETIT, éditeur
50, galerie Montpensier, Palais-Royal.*

Aussi vrai que la terre est ronde,
Pour s'accorder, l' tout c'est d' vouloir,
L'un y voit blanc, l'autre y voit noir,
Moi, j' suis d' l'avis, j' suis d' l'avis d' tout l' monde
Chacun a sa manièr' de voir.   (*bis.*)

Messieurs, mesdam's, je vous présente
Votre serviteur Bonasson,
Trente ans d'âge, mill' francs de rente,
Et par dessus tout bon garçon.   (*bis.*)
Je n' contredis jamais personne,
Dans les affaires j' suis coulant,

Sur un cas grav' si l'on m' questionne,
Voici mon r'frain... (*bis*) ça dépend.
Ça dépend, ça dépend, ça dépend, ça dépend.
          Aussi vrai que la terre, etc.

Ma petite voisin' d'en face,
Matin et soir, m' fait les yeux doux;
J' vous dirai point comment ça s' passe,
Le fait est qu' personn' n'est jaloux.   (*bis.*)
On prend les uns pour leur bonn' mine,
On prend les autr's pour leur argent;
Je pens' là-d'ssus comm' ma voisine,
Mais son voisin... (*bis*) ça dépend,
Ça dépend, ça dépend, ça dépend, ça dépend.
          Aussi vrai que la terre, etc.

Hier, j' voyais un' pièc' nouvelle,
Cett' nouveauté datait d' trent' neuf;
On avait r'monté la ficelle
Et l'on servait ça comme neuf;   (*bis.*)
Stupide ! beuglait un critique,
L'auteur répondait : c'est charmant !
Ane ! pédant ! métier ! boutique !
Tout beau, messieurs !... (*bis*) ça dépend,
Ça dépend, ça dépend, ça dépend, ça dépend.
          Aussi vrai que la terre, etc.

Les bossus défendent leurs bosses,
Les borgnes cultivent l' lorgnon ;
Les étudiants n' font jamais d' noces,
Les femm's ne port'nt plus d' coton,   (*bis.*)
La vertu règne sur la terre,

Le monde est un vaste couvent,
L'or mêm' n'est plus une chimère,
Je l' disais bien (*bis*), ça dépend.
Ça dépend, ça dépend, ça dépend, ça dépend.
    Aussi vrai que la terre, etc.

Dans l' bâtiment d' la rue Vivienne,
L'autr' jour j' vis entrer deux amis ;
L' premier s' trouvait dans un' bonn' veine,
Le s'cond fut p'lé comme un radis.   (*bis.*)
C'lui-ci criait avec malice,
Qu' la bourse est un vrai vol-au-vent,
L'autre, comptant son bénéfice,
Lui répondait : (*bis.*) ça dépend !
Ça dépend, ça dépend, ça dépend, ça dépend,
    Aussi vrai que la terre, etc.

Messieurs, imitez ma conduite
Sans craindre la contrefaçon :
Je vous évit'rai la poursuite,
Dans l'intérêt de ma chanson.   (*bis.*)
Dans le cours de votre existence
S'il vous survient quelqu'accident,
Prenant votre mal en patience,
Dites comm' moi... (*bis*) ça dépend,
Ça dépend, ça dépend, ça dépend, ça dépend.

Aussi vrai que la terre est ronde.
Pour s'accorder, l' tout c'est d' vouloir,
L'un y voit blanc, l'autre y voit noir,
Moi, j' suis d' l'avis, j' suis d' l'avis d' tout l' monde,
Chacun a sa manièr' de voir.   (*bis.*)

LA MORT DE CLÉOPATRE.

SCÈNE DRAMATIQUE

Paroles et musique de M. F. Humbert Droz.

La Musique se trouve chez M. Petit *aîné, éditeur,
50, galerie Montpensier, Palais-Royal.*

A Mlle Céline Sellier.

Hier, j'avais encor la puissance suprême,
J'étais reine au milieu d'une brillante cour ;
Hier, j'avais encor le double diadème
    De la puissance et de l'amour.
Aujourd'hui, je suis seule et femme infortunée
Dn triste et noir cachot où je suis enchaînée,
Je n'entends retentir au loin de toute part,
    Qu'un seul nom, le nom de César.

    Comme la fleur qu'enlève
    Le souffle de la grève,
    Ainsi mon plus beau rêve
    S'est éteint sans retour ;
    Beau passé plein de charmes,
    Doux souvenirs d'amour,
    Vous qui causez mes larmes,
Vous m'avez fui comme un beau jour.   } *bis.*

Et toi, l'objet de ma tendresse,
          Toi, que j'appelle, hélas !
          De mes cris superflus,
     Réponds à ta triste maîtresse,
Cher Antoine, réponds, ne te verrai-je plus ?
               Ah !
          Beau passé plein de charmes,
          Doux souvenirs d'amour,
          Vous qui causez mes larmes,
     Vous m'avez fui comme un beau jour.   } *bis.*

          Jours d'ivresse,
          De tendresse,
Doux serments de s'adorer toujours.
          Rêveries,
          Causeries,
Doux instants consacrés aux amours,
Vous avez fui loin de moi pour toujours :
Et loin de vous il n'est plus de beaux jours,
Pour Cléopâtre, il n'est plus de beaux jours.

Viens donc, puissant César, insulter ta captive !
Pour jouir de ses pleurs fais tomber ces verroux,
Le lion aime à voir la gazelle craintive,
Frémir sous son regard, trembler à ses genoux.
Va, je connais mon sort, car j'ai lu dans ton âme,
A ton ambition il faut un piédestal ;
Il faut à ce Romain une reine, une femme,
Pour traîner en vainqueur à son char triomphal. (*bis.*)
               Mais...

Mais je saurai briser la chaîne
Qui me retient esclave sous ta loi ;
Oui, je saurai (*bis*) mourir en reine,
Mourir, César, et triompher de toi.

Ta victime échappe à ta haine,
L'univers a les yeux sur moi ;
Oui, je saurai mourir en reine,
Mourir et triompher de toi.

Mourir (*4 fois*) au printemps de la vie,
Hier c'était le trône, aujourd'hui le tombeau,
Mourir, quand mon âme ravie,
Se plaisait à former un avenir si beau.

Adieu ! beaux rêves pleins de charmes,
Antoine, un dernier souvenir,
Allons, plus de lâches alarmes,
Il faut mourir, il faut mourir !
Oui, je saurai briser la chaîne
Qui me retient esclave sous ta loi,
Oui, je saurai (*bis*) mourir en reine,
Mourir, César, et triompher de toi.
Oui, je saurai triompher de toi.   (*bis.*)
Mourir, César, et triompher de toi !   (*bis.*)

Paris. — *L. VIEILLOT, éditeur et seul propriétaire,*
32, *rue Notre-Dame-de-Nazareth.*

Paris. — Imprimerie **A. Appert,** passage du Caire, 54.

IL EST TROP TARD

MÉLODIE

Chantée par **M. RENARD** de l'Opéra.

Paroles de M. Maurice BOUQUET,

Musique de Joseph DARCIER.

La Musique se trouve chez L. VIEILLOT, *éditeur,*
32, *rue Notre-Dame-de-Nazareth, à Paris.*

Lorsque séduit par votre doux sourire,
Lorsqu'enivré par vos regards si doux,
En frémissant j'osai tout bas vous dire :
J'aime, Madame, et suis à vos genoux.
Alors coquette et riant de ma peine,
Je vis, par vous, tous mes rêves déçus,
Je souffris bien, mais j'ai brisé ma chaine, } bis.
Car aujourd'hui je ne vous aime plus.

Longtemps encor esclave de vos charmes,
Faute d'amour j'espérais l'amitié,
Et je vous fis le témoin de mes larmes
Sans obtenir même votre pitié !
C'était cruel ! dans ma sombre folie
Mes plus beaux jours semblaient être perdus.
Mais aujourd'hui je renais à la vie,
Car aujourd'hui je ne vous aime plus.

Et je vous vois aujourd'hui me sourire :
Vous abaissez sur moi vos yeux si doux !
Ah ! croyez-vous que je puisse vous dire :
J'aime, Madame, et suis à vos genoux !
Non, non, vraiment, c'est assez de folie,
Et les soupirs sont au moins superflus!...
L'amour, pour vous, est une fleur flétrie,
Il est trop tard... je ne vous aime plus !   } *bis.*

LA FILLE DU CIEL

HISTORIETTE

Paroles de M. J. MONTINI, musique de M. J. O' KELLY.

La Musique chez MM. E. GÉRARD et C°, 18, r. Dauphine

Cet enfant, au tendre sourire,
Si radieux,
Que chacun, dans les prés, admire
Et suit des yeux,
C'est Angel qui court et qui chante
Comme l'oiseau,
Et qui vit heureuse et contente
Dans un hameau.
Elle a pris pour parure
Des fleurs,
Les fleurs de la nature,
Ses sœurs ;
Si pure et si gentille,
Angel,
Est, dit-on, une fille
Du ciel.

Une puissante châtelaine,
        Sans enfant,
Place Angel en son beau domaine
        En l'adoptant ;
Riche, d'abord elle est ravie
        De ses bijoux,
Qui bientôt excitent l'envie
        Des cœurs jaloux.
    Elle a de la dentelle,
            De l'or,
    Pour paraître plus belle
            Encor ;
    Mais cet éclat dont brille
            Angel,
    Semble attrister la fille
            Du ciel.

Bientôt Angel sent dans le monde
        Peine et douleur,
Quand une voix douce et profonde
        Dit à son cœur ;
Pour les pauvres, sois généreuse,
        Vends tes atours,
Par l'aumône, reviens heureuse
        A tes beaux jours.
    Au malheur elle donne
            Son or,
    De bluets se couronne
            Encor ;
    Chacun dans la gentille
            Angel
    Revoit enfin la fille
            Du ciel !

LARA

BARCAROLLE.

Paroles de M. DESTOURNELLE, musique de M. A. NESLE.

La Musique chez MM. HEUGEL *et* Cⁱᵉ, *2 bis, r. Vivienne.*

❉❉❉

Barque fidèle,
Ouvre ton aile,
Bientôt près d'elle,
Près d'elle,
Lara, Lara, sera.

De sa blanche lumière
Aux rayons argentés,
La lune nous éclaire
Sur la vague emportés,
Nous glissons,... le rivage
Au loin s'enfuit, courage,
Ah! ah! ah! ah!
Barque fidèle, etc.

Sur l'onde transparente
Nous avançons sans bruit,
Et l'étoile brillante
S'y mire avec la nuit;
Les algues amoureuses
Se caressent joyeuses;
Ah! ah! ah! ah!
Barque fidèle, etc.

Sous l'aviron pressée
L'onde fuit souriant,
Heureuse fiancée,
Des bras de son amant.
Sur nous, joyeuse et molle,
S'en vient la brise folle,
    Ah ! ah ! ah ! ah !
Barque fidèle, etc.

La voyez-vous penchée?
Sa voile est en lambeaux,
L'étoile s'est cachée,
La nuit est sur les eaux.
Mais Lara croit l'entendre,
C'est sa voix douce et tendre,
    Ah ! ah ! ah ! ah !

    Barque fidèle,
    Ouvre ton aile,
    Bientôt près d'elle,
Lara Lara, sera,
        Ah ! ah !
    Bientôt près d'elle,
        Ah ! ah !
Lara, bientôt sera,
    Ah ! ah ! ah ! ah !

LA CLOCHE DU SOIR

PASTORALE.

Paroles de M. A. BRESSIER, musique de L. CLAPISSON.

La Musique chez L. VIEILLOT, 32, r. N.-D.-de-Nazareth.

A Mlle Jenny DUPONT.

L'ombre descend avec mystère
Dans les vallons silencieux;
Ave Maria sur la terre,
Ave Maria dans les cieux;
Oui, voici l'heure. Ô Vierge Sainte,
Où le monde entier te bénit,
Tandis que la cloche qui tinte
Pleure au loin le jour qui finit.   } bis.

Coteaux charmants, vertes campagnes,
Buissons fleuris, étroit chemin,
Échos des bois et des montagnes,
Adieu, dit le pâtre, à demain.
Suivi de son troupeau qui bêle,
Au village il rentre en chantant;
Car l'angélus sonne et l'appelle
Près de sa mère qui l'attend.

Moment de paix et de prière,
Moment d'amour et de bonheur,
Tu réunis dans la chaumière
La famille du laboureur.
Le pèlerin, l'âme attendrie,
Au foyer peut enfin s'asseoir...
Et l'exilé rêve patrie   } bis.
Au bruit de la cloche du soir.

PAUVRE BAUDET

CHANSONNETTE

Chantée par Joseph DARCIER
Aux concerts de l'*Eldorado*.

Paroles de M. Jules BERTRAND,

Musique de M. Étienne ARNAUD.

*La Musique se trouve à Paris, chez MM. E. GÉRARD et C°
Éditeurs, 18, rue Dauphine.*

⸺

Vous connaissez le fabliau
De ce baudet, de ce bardeau,
Qu'on avait chargé de reliques?
On s'inclinait sur son chemin,
On le caressait de la main,
Aux sons d'harmonieux cantiques.
Se croyant un maître parfait,
Plein d'orgueil, le fat méprisait
Tous ses vieux compagnons rustiques:
Pauvre Baudet!!! Pauvre Baudet!!!

Ce jeune élégant sans esprit,
Pour la coupe de son habit,
D'aucuns l'admirent, lui font fête.
Comme il croit qu'il donne le ton,
Il se prélasse en un salon,
Parlant pointu, hochant la tête;

Au tailleur il doit ce qu'il est,
Chaque jour avec soin il met,
Tous ses talents dans sa toilette;
Pauvre Baudet!!! Pauvre Baudet!!!

Ce gros monsieur un beau jour prit
Une femme ayant de l'esprit
Pour en avoir dans son ménage;
Le sot, près d'elle il faut le voir,
Lorsque l'on brûle l'encensoir,
Prendre pour lui tout cet hommage:
Les deux pouces dans son gilet,
Se posant d'un air satisfait,
Il dit: Ma femme est mon ouvrage.
Pauvre Baudet!!! Pauvre Baudet!!!

Ce grand littérateur titré,
A quatre épingles bien tiré,
Partout répand sa poésie.
De sa vie il n'a fait un vers,
Un malheureux, tous les hivers,
Pour du pain lui vend du génie;
Tout marchant selon son souhait,
Il pourra porter au collet
La palme de l'Académie:
Pauvre Baudet!!! Pauvre Baudet!!!

Grâce à son riche revenu,
Ce roturier, ce parvenu,
Vante à tout propos sa noblesse.
Quoiqu'il nous prône ses quartiers,
Rien qu'en regardant à ses pieds,
On peut voir où le bât le blesse;

Se croyant plus que son cadet,
Il prétend que l'Etat devrait
Nous rendre enfin le droit d'aînesse :
Pauvre Baudet !!! Pauvre Baudet !!!

Sous l'habit de réformateur
Pourquoi, Monsieur le beau parleur
Mordre toujours, ne jamais rire?
Et vous, critique si plaisant,
Pourquoi tout juger en riant,
Lorsque votre ongle nous déchire?
Si profond semble votre arrêt,
Qu'en vous plaçant certain bonnet
A chacun de vous on peut dire :
Pauvre Baudet !!! Pauvre Baudet !!!

LA FLEUR DU PRISONNIER

MÉLODIE.

Paroles de M. Adrien LINDEN, musique de M. Ed. MOUZIN.

La Musique chez MM. HEUGEL et Cie, 2 bis, r. Vivienne.

Vous que je vois éclore
Aux baisers de l'aurore,
Sous les barreaux de ma prison,
De ma prison.
Fleur élégante et vive
Quittez pour mon ogive
Votre buisson.   (*bis.*)

Ces murs sont accessibles
A vos rameaux flexibles,
Montez-donc jusqu'à moi sans peur,
Montez sans peur,
Vous serez dans ma geôle
Ma reine, mon idole,
Mon seul bonheur !   (bis.)

Quand chacun m'abandonne,
Vous que je croyais bonne,
Semblez fuir aussi ma douleur,
Ma douleur !
Hélas, de la souffrance
Tout s'éloigne en silence,
Même une fleur.   (bis.)

Ma vie infortunée,
A souffrir condamnée,
S'éteindra peut-être ce soir,
Oui ce soir ;
Avant que je ne meure,
Dans ma sombre demeure
Venez me voir.   (bis.)

La fleur capricieuse
S'envolait gracieuse
Le lendemain dans la prison,
Dans la prison ;
Seul un morne silence
Accueillit la présence
Du liseron   (bis.)

UN CONTE DE GRAND'MÈRE

SCÈNE BALLADE.

Paroles de M. Just VEILLAT,

Musique de M. Claire BERTOU.

La Musique chez MM. HEUGEL et Cie, 2 *bis, r. Vivienne*

Bonne grand'mère, en travaillant,
Dites-moi quelque vieille histoire
Qui soit vraie et surtout bien noire,
C'est affreux ! mais c'est amusant.   *(bis.*
Je promets d'avoir du courage,
A mon âge l'on a du cœur ;
Fermons la porte, c'est plus sage,
Commencez, je n'aurai pas peur.

—Puisqu'on promet d'avoir de la raison,
Ecoutez donc l'histoire véridique
Qui s'est passée au temps antique.
Que l'on se taise, attention !
Il était une fois une vieille tourelle
Où quand venait minuit, un grand fantôme blanc....
            —Ah !
Ah ! grand'mère, un petit moment,
Entendez-vous ? près de l'armoire,
On a bougé, l'on peut m'en croire

Mon cœur est tout tremblant,
Mon pauvre cœur est tout tremblant,
Regardez-donc, on voit sa tête...
Quoi ! vous riez de ma frayeur.
C'est Minet... que je suis donc bête !
Recommencez, je n'ai plus peur.

—Puisqu'on promet d'avoir de la raison,
Ecoutez-donc l'histoire véridique
Qui s'est passée au tems antique.
Que l'on se taise, attention !
Il était une fois une vieille tourelle
Où quand venait minuit, un grand fantôme blanc ..
        —Ah !
Ah ! grand'mère, un petit moment,
On ouvre, c'est quelque brigand,
Ah ! pour sûr, c'est quelque brigand !
Mais voyez ma sottise amère,
C'est toi, Baptiste, ah ! quel bonheur !
Ce sera pour demain, grand'mère,
Baptiste est-là, je n'ai plus peur !

Paris. — L. VIEILLOT, éditeur et seul propriétaire,
32, rue Notre-Dame-de-Nazareth.

Paris. — Imprimerie A. Appert, passage du Caire, 56.

LE PARRAIN D'UNE CLOCHE

CARILLON

Chanté par **M. BERTHELIER**
Du théâtre du Palais Royal.

Paroles de M. Charles M. DELANGE,
Musique de M. Louis CLAPISSON.

La musique se trouve chez MM. E. GÉRARD et Cⁱᵉ.,*éd.*,
18, *rue Dauphine*, *à Paris*.

La gentille église
De notre hameau,
A c't' heur', rivalise
Avec Landerneau !
On vient de lui faire
Un joli clocher,
C'est papa qu'est maire,
Qu'a tout fait marcher ;
N'avoir point de cloche,
Qu'il disait comm' ça,
Y'a quéqu' chos' qui cloche,
Faut un clocher là !
Si ben qu'on l'a fait,
Et qu'il est coquet ;

Et qu' les habitants
Etaient si contents !...
Qu'ils m'ont fait parrain !
Parrain de leur cloche !
Aussi, d'puis c' matin,
Digue, digue, din !
Ell' n'a point, que non,
Sa langue dans sa poche !
Ah ! le joli son,—Digue, digue, don,
Din, don,—Ah ! le joli son !   (*bis.*)

Ah ! quel beau cortége !
Les jeun's fill's, en blanc,
Comm' des p'tits tas d' neige,
Etaient sur le flanc ;
L' tambour du village,
En avant, marchait,
C' qui fait, s'lon l'usage,
Qu' tout l' mond' le suivait.
Moi, roug' comm' un' c'rise,
J'étais dans l' milieu ;
Le col de ma ch'mise
M' rendait comm' un pieu :
Ça donn' du maintien ;
J' m'en suis trouvé bien.
J' n'ai jamais été
Si plein d' dignité.
Dam ! j'étais parrain !
Parrain d'une cloche !
Ça rend fier un brin :
Digue, digue, din !

Et le carillon,
Fêtant mon approche
Semblait dir': viens donc,—Din don, digue don !
Din, don,—Ah ! le joli son !   (bis.)

Le jour d'un baptême,
On est généreux,
Surtout quand on aime
A fair' des heureux !
A ma p'tit' clochette,
Moi, j'ai donc fait don
Du nom de Pierrette,
Pierre étant mon nom !
Puis, j'avais mes poches
Plein's de bonbons fins
Pour jeter aux mioches
Qui battaient des mains.
Pour en voir le goût,
J' n'ai pas donné tout,
Et plus j'en croquais,
Et plus je m' disais :
Puisque j' suis parrain,
L' parrain de la cloche,
N' soyons point vilain:
Digue, digue, din !
J' m' fais l'abandon
De c' qui m' reste en poche,
C'est tout d' même un don,
Tiens ! pas si din don !
Tiens ! tiens ! c'est pas si din don !
Tiens ! tiens ! ah' les bons bonbons !!!

ESCLAVE ET MAITRE

ROMANCE DRAMATIQUE

Chantée par **M. LAVESSIÈRE**

Du théâtre Lyrique,

Paroles de M. Marc CONSTANTIN,
Musique d'Edouard LAVESSIÈRE.

La Musique se trouve chez L. VIEILLOT, *éditeur,*
32, rue Notre-Dame-de-Nazareth, à Paris.

A mon frère Ernest LAVESSIÈRE.

Le marabout fidèle
S'agenouille là-bas !
En vain sa voix m'appelle,
Mon cœur (*bis*) n'y répond pas !
La brise qui l'amène
Me trouve repentant,
Car j'aime une chrétienne   } *bis.*
Et suis mahométan.

Enfant de Géorgie
Ton Dieu n'est pas le mien !   }
Ah ! pour qu'en cette vie   } *bis.*
A moi tu sois unie,
Que ne suis-je chrétien !

Ma jeune esclave est belle,
Mais Mahomet est grand !
L'une est une infidèle
L'autre a fait (*bis*) l'Alcoran !
A tous les deux je pense
Chaque jour, chaque nuit,
Et mon amour balance,
Hélas ! entre elle et lui !
    Enfants, etc.

Que notre hymen s'apprête,
Mon cœur a prononcé !
Je me ris du prophète
Et d'Allah (*bis*) courroucé !
Tu vois combien je t'aime,
Esclave aux yeux si beaux,
Puisque l'eau du baptême
M'ouvre des cieux nouveaux. } *bis*

Enfant de Géorgie
Ton Dieu sera le mien,
Et pour qu'en cette vie
A moi tu sois unie,
Oui, je me fais chrétien ! } *bis*.

REDEVENIR ENFANT

ROMANCE.

Chantée par **M. V. DIDIER**,

Paroles de M. E. QUERTANT, musique de M. L. ABADIE.

La Musique chez MM. HEUGEL et Cie, 2 *bis, r. Vivienne*

Pour m'en aller joyeux dans la prairie.
Sauter, courir après les papillons,
Pour être beau, quand vient Pâque-Fleurie,
De blanc vêtu dans les processions:
Sous le regard d'un père qui m'adore,
Le jour des prix pour passer triomphant !
Pour vivre, aimer, ne rien savoir encore,   } *bis.*
Que je voudrais redevenir enfant !

Il me souvient, qu'au printemps de ma vie,
Un ange enfant, tout petit comme moi.
Me d t: s'il vient un jour qu'on me marie,
Je t'aime bien, je ne voudrais que toi !
Ce tendre amour qu'en nous Dieu fit éclore,
La loi du monde aujourd'hui le défend !
       Pour vivre, etc.

Que m'importait le monde et ses alarmes !
J'avais huit ans, je ne songeais à rien !
Aux yeux souvent j'avais deux grosses larmes,
Mais quelquefois, pleurer fait tant de bien.
D'un long bonheur j'entrevoyais l'aurore,
Comme l'oiseau chante au soleil levant !
Pour vivre, aimer, ne rien savoir encore,   } *bis.*
Que je voudrais redevenir enfant !

DIEU & PATRIE

ROMANCE

Chantée par **M. RENARD**, de l'Opéra,

Paroles de M. Jules BERTRAND,
Musique d'Étienne ARNAUD.

La Musique se trouve chez MM. E. GÉRARD et Cⁱᵉ, édit,
18, rue Dauphine, à Paris.

Notre pasteur va quitter ce village,
Digne aumônier, il change de troupeau :
Dans les combats, vers un lointain rivage.
Il va servir la France et son drapeau.
De nos soldats, victimes de la guerre,
Il recevra le fraternel adieu,
Et de sa main fermera leur paupière.
Il faut servir sa patrie et son Dieu ! } *bis*

Sa noble tâche à peine commencée,
Dans un duel il voit de jeunes fous ;
Pour les sauver, plus prompt que la pensée,
Ah ! malheureux, dit-il, que faites-vous?
Braves enfants, la France est votre mère,
Le canon gronde, et sa gloire est en jeu :
Gardez ce sang pour une juste guerre :
Il faut servir sa patrie et son Dieu!

Par les combats la plaine est enflammée ;
L'air est troublé par des cris déchirants.
Dans sa fureur, notre vaillante armée,
Des ennemis a détruit tous les rangs.
Le prêtre saint, sur le champ de bataille,
Vient se mêler à ce terrible feu.
Sa main bénit quand frappe la mitraille :
Il faut servir sa patrie et son Dieu !

La grande voix d'une lutte sanglante
S'est apaisée, et les camps sont déserts ;
Où l'on voyait la terre agonisante,
Du laboureur la voix remplit les airs.
Notre aumônier chante plein d'espérance :
Le *Te Deum* retentit au saint lieu,
Et l'encens brûle aux gloires de la France.   *bis.*
Il faut servir sa patrie et son Dieu !

LES RAMEAUX

HYMNE.

Paroles et musique du Chevalier Gaston D'ALBANO.

La Musique se trouve, à Paris, chez M. CHALLIOT,
éditeur, 376, rue Saint-Honoré.

O fille de Sion ! tressaille d'allégresse,
Écarte de ton front la poussière et le deuil,
Change en élans d'amour tes soupirs de tristesse
De ton temple aujourd'hui, Jésus franchit le seuil !
   O fille de Sion ! tu peux lever la tête
   Un grand prophète, un roi marche vers toi !

Ouvrez, ouvrez les portes éternelles,
Et le roi de gloire entrera.
Chantez, chantez des hymnes solennelles,
    Des hymnes solennelles,
Au fils de David (*bis*), hosanna !
    Hosanna, hosanna, hosanna. (*bis.*)

Des cris joyeux d'enfants précèdent le cortége,
Des portes de la ville au mont des Oliviers ;
Le peuple, ivre d'amour, de ses transports l'assiége
Et couvre son chemin de branches de palmiers.
    O fille de Sion, etc.

Il triomphe aujourd'hui sur cette même terre
Qui boira ses sueurs, ses larmes et son sang.
Les disciples émus devinent un mystère,
Leurs yeux disent assez ce que leur cœur pressent.
    O fille de Sion, etc.

Et quand il fut entré dans la cité bénie,
Jérusalem cria : c'est l'envoyé du ciel,
Il a ressuscité Lazare à Béthanie,
C'est lui qui sauvera la maison d'Israël.
    O fille de Sion ! tu peux lever la tête,
    Un grand prophète, un roi marche vers toi !
    Ouvrez, ouvrez les portes éternelles,
    Et le roi de gloire entrera.
    Chantez, chantez des hymnes solennelles
        Des hymnes solennelles,
    Au fils de David (*bis*), hosanna !
      Hosanna, hosanna, hosanna. (*bis.*)

HISTOIRE D'UN MOUCHOIR DE POCHE

Racontée par lui-même à plusieurs *Nez* de ses amis.

Paroles de M. J. MOINAUX, musique de M. Victor PARIZOT.

La Musique chez M. COLOMBIER, *édit.*, 6, *rue Vivienne.*

Honorable assistance,
Nez de toutes grosseurs
Et de toutes longueurs ;
Approchez en silence,
Et ne vous mouchez pas,
Ou mouchez-vous tout bas.
Attention entière,
Je vais, pauvre mouchoir,
Vous conter ma carrière,
Comme vous allez voir.

D'une charmante fille,
La blanche main m'ourla ;
Beau jour que celui-là !
Mais cette main gentille
Dans un bal me perdit,
Un tendre amant me prit ;
Dans sa flamme indiscrète,
Cent fois, il m'embrassa ;
Petit nez de fillette,
Faut pas rougir pour ça.

En compagnie honnête,
On me prit, au hazard,
Pour le colin-maillard
Or, j'entourais la tête,

D'un bel adolescent,
Plus ou moins innocent ;
Cherchant quelqu'un à prendre,
En aveugle, il saisit...
Et causa tel esclandre,
Qu'en poche on me remit.

Un jour, au blanchissage,
Je me vis égaré,
Je l'avais désiré.
Mais changer, n'est pas sage :
On sait qui l'on quitta,
Sait-on qui l'on aura ?
Une horrible portière
Me met dans son cabas,
Et, la journée entière,
Me couvre de tabac !...

J'étais là de la veille,
Quand un adroit filou
S'avance à pas de loup ;
Il m'enlève à la vieille,
Et me donne un emploi
Bien indigne de moi :
Vil instrument de crimes,
Bâillonnant les passants,
De ces pauvres victimes
J'étouffais les accents !

Mon scélérat de maître
Fut, par l'autorité,
A la fin arrêté ;
Comme je pouvais être

Pièce à conviction,
Dans sa précaution
Il m'offre à maint ivrogne,
Qui de moi n'usant pas,
Pour boire à la Pologne,
S'en va me vendre, hélas !

Longtemps, je vous assure,
Je sus cacher les pleurs,
Les sourires moqueurs ;
Mon lin, d'une blessure,
Pour étancher le sang,
Fut souvent bien puissant ;
Pour prix de mon office,
Usé l'on me jeta,
Et loque, hors de service,
Le crochet m'emporta.

Terminant ma carrière,
Dans le fond du panier
D'un pauvre chiffonnier,
Un beau jour, le libraire
M'accueille tout entier
A l'état de papier ;
Papier, je dois le dire,
Dont l'auteur, sans façon,
S'est servi pour écrire
La présente chanson.

Paris. — *L. VIEILLOT, éditeur et seul propriétaire,*
32, *rue Notre-Dame-de-Nazareth.*

Paris. — Imprimerie **A. Appert,** passage du Caire, 56.

LE
BOUQUET PERDU

CHANSONNETTE

Chantée par Mme ANTONIA MÉNARD-TISSOT,

Aux concerts de la salle Barthélemy.

Paroles de M. E. TISSOT, Musique de M. E. MAYER.

*La Musique se trouve, à Paris, chez M. CHALLIOT,
éditeur, 376, rue Saint-Honoré.*

A Mlle Louise BRECHON.

J'ai perdu mon bouquet !
Un bouquet frais coquet,
A l'odeur enivrante
S'émanant douce et lente,
Il avait une fleur,
Dont les fines corolles
De la voix doux symbole,
Parlaient bas à mon cœur...

La nuit aux longs voiles,
Jetait l'autre soir
Son manteau d'étoiles
Sur le vieux manoir...

J'attendais dans l'ombre,
Que Pierre passât,
Quand soudain, une ombre
Vers moi lentement s'avança !...
J'ai perdu, etc.

La frayeur m'emporte
Au fond d'un bosquet,
Je sors demi-morte,
Tenant mon bouquet.
Mais l'ombre s'élance
Après moi soudain !
Et me dit silence !
A minuit viens ici demain,
J'ai perdu, etc.

Après ces mots, l'ombre
Prenant mon bouquet,
S'enfonça dans l'ombre
De l'épais bosquet...
Je veux, ce soir même,
Sans m'intimider,
Ce bouquet que j'aime
Doucement lui redemander.
J'ai perdu, etc.

Les gens du village,
Disent maintenant,
Que Pierre au bocage,
Fait le revenant...
Et que quand la lune
Dort loin du bosquet,

Jeaunette la brune
Vient lui demander son bouquet,

Car, ce gentil bouquet,
Ce bouquet frais coquet,
A l'odeur enivrante
S'émanant douce et lente ;
Possédait une fleur
Dont les fines corolles
De la voix doux symboles,
Parlaient bas à leur cœur...

GUIDITTA

CHANSONNETTE

Paroles de M. E. BARATEAU, musique de M. C. PLANTADE.

*La Musique chez MM. E. GÉRARD et Cⁱᵉ, édit.,
18, rue Dauphine, à Paris.*

Dans ses plus beaux atours
Croix d'or, basquine blanche,
Il faut voir le dimanche
Guiditta mes amours
Autour d'elle on s'empresse,
Pour obtenir sa foi...   (bis).
Mais parure et tendresse
Tout est pour moi ! tout est pour moi !   bis.

Combien fait-on de vœux
Pour obtenir la rose,
Ou bien un ruban rose
Noué dans ses cheveux !
En vain on lui demande
Un gage de sa foi...

Ruban, fleur, ou guirlande
Tout est pour moi ! tout est pour moi !

Comme ils seraient heureux
Si, lorsqu'on l'en supplie,
Ma Guiditta jolie
Voulait chanter pour eux !
Son refus les désole,
Aussi j'en ris, ma foi...
Air, rondo, barcarolle
Tout est pour moi ! tout est pour moi.

A vrai dire entre nous,
Quoique douce, elle gronde
Lorsque d'une seconde
Je manque au rendez-vous,
Soudain sa main légère
Frappe fort !... et ma foi !...   (bis).
Alors dans sa colère
Tout est pour moi ! tout est pour moi.   } bis.

LA NARBONNAISE

ROMANCE.

Paroles de M. G. LEMOINE, musique de Mlle L. PUGET.

La Musique chez MM. E. GÉRARD et Ce, 18, r. Dauphine

A M. Jules Rondonneau.

Je suis fou d'une Narbonnaise,
J'en suis fou j'en perds la raison !
Rien n'est bon comme ma Thérèse ;
Mais nulle aussi n'est plus mauvaise ;   } bis.
C'est un ange et c'est un démon !

Notre bonheur est un orage :
De loin de loin, nous nous aimons toujours,
Et puis de près, toujours j'enrage,
C'est un enfer que mon ménage !
Un Paradis que nos amours !
    Je suis fou, etc.

Elle est coquette elle est légère,
Toujours j'ai tort, toujours elle a raison,
Et j'ai beau dire, et j'ai beau faire,
Après m'être mis en colère,
C'est moi qui demande pardon.
    Je suis fou, etc.

Vingt fois, j'ai dit : plus de querelle !
Adieu Thérèse, adieu, séparons-nous,
Mais quand je pars, sa voix m'appelle…
Je la regarde, elle est si belle !
Il faut tomber à ses genoux.
    Je suis fou, etc.

Cruel bonheur, tourment que j'aime,
Thérèse doit causer ma mort, un jour,
Mais la quitter, ô peine extrême !
De chagrin je mourrais de même,
Et j'aime mieux mourir d'amour…

Je suis fou d'une Narbonnaise,
J'en suis fou, j'en perds la raison !
Mais toujours ma belle Thérèse,
Je veux t'aimer bonne ou mauvaise,
Je veux t'aimer ange ou démon !
Oui, toujours ma belle Thérèse,
Je veux t'aimer bonne ou mauvaise,
Je veux t'aimer ange ou démon !

LA VALSE DES FEUILLES

MÉDITATION.

Paroles de M. P. JUILLERAT, Musique de M. L. ABADIE.

La Musique chez MM. HEUGEL et Cie, 2 *bis, rue Vivienne.*

Le vent d'automne passe
Emportant à la fois,
Les oiseaux dans l'espace, ,
Les feuilles de nos bois.
Jours tièdes, brises molles,
Pour longtemps sont chassés!...
Valsez, valsez comme des folles,
Pauvres feuilles, vaisez, valsez.   } *bis.*

Sur les marges des routes,
Au midi comme au nord,
Voyez-les vaiser toutes,
Cette valse de mort !
Le vent qui les invite,
Jamais n'en trouve assez...
Tournez, tournez, tournez plus vite,
Pauvres feuilles, valsez, valsez.

Oui, toute feuille tombe :
Ormeau, chène ou tilleul,
Tout homme est à la tombe
L'enfant comme l'aïeul !
Les rêves de ce monde
Sont bientôt effacés.
Poursuivez votre ronde,
Pauvres feuilles valsez, valsez.   } *bis.*

LE CHANVRE

CHANT RUSTIQUE

Chanté par **M. RENARD** de l'Opéra.

Paroles de M. MAHIET DE LA CHESNERAYE,
Musique de Joseph DARCIER.

La Musique se trouve chez L. VIEILLOT, *éditeur,*
32, *rue Notre-Dame-de-Nazareth, à Paris.*

Crois, mon chanvre que Dieu te donne
En été l'eau qui fait fleurir,
Et le soleil aux jours d'automne
Qui fait mûrir.

Après avoir dans la prairie
Prêté son miroir de cristal,
Au nuage à l'herbe fleurie
Murmuré la chanson du val.
Sous l'aunaie on voit la rivière
Etreindre en ses bras amoureux,
L'îlot ou l'humble chenevière
Prépare ses trésors soyeux.
Crois, mon chanvre, etc.

Quand du printemps la douce haleine
Aura grandi les longs brins verts.

L'oiseau viendra prendre ta graine
Et la paiera par des concerts.
L'hiver venu dans nos chaumières
Tu feras retentir encor,
Les refrains de nos filandières
Tordant ta chevelure d'or.
        Crois, mon chanvre, etc.

Il nous faut des voiles sur l'onde
Pour que nos rudes matelots,
Rapprochent du nôtre, le monde
Placé bien loin !... au bout des flots !.
Il faut un câble à l'arrivage,
Pour amarrer au port un jour
La nef arrivant d'un voyage...
Voyage souvent sans retour !
        Crois, mon chanvre, etc.

Là-bas, la musette alliée
Au son d'un joyeux chalumeau,
M'apprend que d'une mariée
Tu viens de tisser le trousseau.
Ce soir discret tu sauras taire
La première nuit de l'hymen...
Et tu garderas le mystère
De la pâleur du lendemain.
        Crois, mon chanvre, etc.

Fais toi, souple il nous faut des langes,
Doux comme le velours est doux,
Pour recevoir les petits anges
Que Dieu laisse tomber chez nous,

Et si dans la céleste sphère
Il en rappela t un vers lui...
Chanvre, donne encore un suaire
Pour l'enfant qui nous aura fui !
  Crois, mon chanvre, etc.

Si quelquefois dans une orgie
Ta nappe blanche disparait
Sous les brocs renversés, salie
Par l'ivresse du cabaret.
Tu viens pour laver tes souillures
En charpie aux fils délicats,
Fermer et guérir les blessures
De nos intrépides soldats !

Crois, mon chanvre, que Dieu te donne
  En été l'eau qui fait fleurir,
Et le soleil au jour d'automne
  Qui fait mûrir.

LAMENTO.

MÉLODIE

Paroles de Mᵐᵉ Laure JOURDAIN,
Musique de M. F. MASINI.

La musique se trouve chez MM. E. GÉRARD ET Cᵉ, édit,
18, rue Dauphine, à Paris.

Lorsque dans ton regard je ne saurai plus lire,
Lorsqu'une autre que moi recevra ton sourire,
Quand l'heure où je te vois lentement passera,
Sans toi, quand chaque soir, triste, elle reviendra :

Alors pour moi par pitié prie,
Qu'ainsi que toi mon cœur oublie !
    Au ciel demande
    Que je lui rende,
    Sans en mourir,   (bis).
    Ton souvenir !
    Sans en mourir,
    Ton souvenir !

Quand mon étoile aux cieux, comme une flamme errante,
Loin de la tienne, hélas ! s'éloignera tremblante ;
Quand tu ne voudras plus de mon âme pour sœur,
Lorsque je n'aurai plus ma place dans ton cœur !
        Alors pour moi, etc.

Mais, non, jamais,..., Dieu sait bien qu'en ce monde
Il faut qu'à nos douleurs, une douleur réponde ;
Il sait bien que sans toi... Si tu ne m'aimais plus...
J'irais lui demander tant de bonheurs perdus !
    Aussi, de toi la plus aimée
    Ce sera moi, plus alarmée !...
        Moi, de ta vie,
        L'heure bénie,
        Ton plus beau jour,   (bis).
        Ton seul amour !
        Ton plus beau jour,
        Ton seul amour !

LE
MARI SANS LE SAVOIR

CHANSON NÈGRE

Chantée par M. LÉONCE,
Au théâtre des Bouffes-Parisiens.

Paroles de MM. Léon et Ludovic HALÉVY,
Musique de M. de Saint RÉMY.

La Musique chez MM. HEUGEL et Cⁱᵉ, 2bis, rue Vivienne.

Bon nègr' chez les colons
Avait du noir dans l'âme,
Resté veuf d'un' p'tit' femme
Avec trois négrillons ;
Ils s'font tous nègr's marrons.
La grand' mer on traverse,
Ils s'en vont chez l'Schah d'Perse
Li et ses négrillons,
Bon nègr' bons négrillons,
Du Schah ils obtiennent audience,
La joie et l'espérance
D' bonheur font griller les marrons.
Tra la la la la la la la la la la la la la.   *(bis).*

Quoiqu' loin des bons colons
Il craint qu' son maîtr' l'atteigne,
Il d'mand' que le Schah teigne
Ses trois petits marrons.
On les teint tout en gris,
Mais l'gris c'n'est pas solide,

Bon négr' par trop timide
Les fait tous verts de gris,
Voyez l'affreux guignon,
Fou de bonheur et de tendresse
Il les mang' de caresse,
Oubliant qu' c'était d' la poison.
Tra la la la la la la la la la la la la la la.   (*bis.*)

Un méd'cin du pays
Sauva c' pèr' de famille
Avec d' la camomille,
Du beurre et des radis.
Plus tard il d'vient pacha,
Ministre de la guerre,
Et sous son ministère,
L'Schah prit la ville d'Hérat.
Maint'nant riche à million,
Bon noir demeure dans la ru' Blanche,
Il reçoit chaqu' dimanche,
Et ses fils sont courtiers marrons.
Tra la la la la la la la la la la la la la.   (*bis.*)

Le Mari sans le savoir, opérette en un acte, de MM. Léon et Ludovic Halévy, en vente à Paris, chez MM. Michel Lévy frères, éditeurs, 2 bis, rue Vivienne. Prix : 1 fr.

Paris. — *L. VIEILLOT, éditeur et seul propriétaire,*
32, rue Notre-Dame-de-Nazareth.

Paris. — Imprimerie A. Appert, passage du Caire, 54.

LE
PROCÈS DE VILLAGE

CAUSE CÉLÈBRE

Chantée par **M. BERTHELIER,**

Du théâtre du *Palais-Royal,*

Paroles de M. Frédéric DE COURCY,
Musique de M. Louis CLAPISSON.

La Musique se trouve chez MM. E. GÉRARD et Cie, édit.
18, rue Dauphine, à Paris.

Louison était la perle du village
Et petit Jean le phénix de l'endroit ;
Ils auraient fait le plus joli ménage
Mais les parents de loin se battaient froid.

Ils s'étaient mis en tête
De plus riches partis,
Sans savoir qu'en cachette
Jasaient les deux petits.
Si bien qu'un jour
Ils trouvent en chemin,
Les deux petits, se tenant par la main...
Tout en jasant d'amour,
Tout en causant d'hymen,
Louison et petit Jean se tenaient par la main...

> L'amour vient en aide
> Aux cœurs malheureux,
> Et toujours il plaide
> Pour les amoureux.

Sans plus tarder, le père au jeune drille
Fait assigner la mère de Louison;
De son côté la maman de la fille
Fait un procès au père du garçon.
> Parler aux filles sages
> C'est un crime, un délit!...
> —Moi, je veux des dommages
> Pour petit Jean, séduit!...
Et les deux vieux s'en vont plaider ainsi,
Devant le tribunal de Monsieur le Bailli
Au nom de la morale, ils vont plaider ainsi,
Devant le tribunal de Monsieur le Bailli.

> L'amour vient en aide, etc.

En quatre mots l'affaire se déroule,
Dit le Bailli : deux cœurs ont fait un troc.
C'était à vous de garder votre poule,
A vous aussi d'enfermer votre coq.
> Justice bien rendue,
> Tous les torts sont égaux ;
> La cause est entendue
> Et les débats sont clos :
Les amoureux renvoyés, dos à dos,
Et les parens condamnés aux dépens...

Amans, frais compensés, renvoyés dos à dos,
Et puis les grands parens condamnés aux dépens !...

> L'amour vient en aide,
> Aux cœurs malheureux
> Et toujours il plaide
> Pour les amoureux.

TON FRÈRE & TON AMI

ROMANCE

Chantée au théâtre de l'Opéra-Comique,

DANS : LA FIANCÉE.

Paroles de M. Eugène SCRIBE, Musique de M. AUBER.

> Aux jours heureux que mon cœur se rappelle,
> J'ai vu par toi mon printemps embelli.
> O toi ! qui fus ma sœur, ma compagne fidèle,
> De ma mère reçois ce souvenir chéri !
> Je jure ici, devant Dieu, devant elle,
> D'être toujours ton frère et ton ami.
> Que tous les jours s'écoulent sans nuage,
> Que de ton cœur le chagrin soit banni !
> Et si jamais sur toi vient à gronder l'orage,
> Près de moi viens chercher un asile, un abri.
> De mes sermens reçois ici le gage,
> C'est le baiser d'un frère et d'un ami.

La Fiancée, Opéra-Comique en 3 actes, en vente, chez M. TRESSE, éditeur, 2 et 3, galerie de Chartres, Palais-Royal. Prix : 60 centimes.

CHANSON D'ARISTÉE

PASTORALE

Chantée par **M. LÉONCE,**

Au théâtre des Bouffes-Parisiens,

DANS : **ORPHÉE AUX ENFERS.**

Paroles de M. Hector CRÉMIEUX,

Musique de M. Jacques OFFENBACH.

La Musique se trouve chez MM. HEUGEL *et* Ci*,* *édit.,*
2 bis, rue Vivienne, à Paris.

Moi, je suis ARISTÉE un berger d'Arcadie,
Un fabricant de miel ivre de mélodie,
Sachant se contenter des plaisirs innocents
Que les Dieux ont permis à l'habitant des champs

Voir voltiger sous les treilles,
Entre terre et ciel,
Les essaims de nos abeilles
Butinant leur miel ;
Voir le lever de l'aurore,
Et chaque matin
Se dire : je veux encore
Le revoir demain,
Le revoir, le revoir demain.

Voilà la fête   (bis.)
D'une âme honnête,
Le vrai bonheur   (bis.)
D'un tendre cœur.
Ah! ah! ah! ah! ah!   (bis.)

Voir bondir dedans la plaine
    Les petits moutons,
Accrochant leur blanche laine
    A tous les buissons ;
Voir sommeiller la bergère,
    Tandis qu'à pas lent
Le berger qu'elle préfère
    Vient et la surprend !
        La surprend,
    Vient et la surprend !

Voilà la fête   (bis.)
D'une âme honnête,
Le vrai bonheur   (bis.)
D'un tendre cœur.
Ah! ah! ah! ah! ah!   (bis.)

Orphée aux Enfers, opérette en 2 actes, de M. Hector
Crémieux. en vente à Paris, chez MM. Michel Lévy frères,
éditeurs, 2 bis, rue Vivienne. Prix : 1 fr.

LE NID DANS LES BLÉS

ROMANCE

Paroles de M. Jules BERTRAND,
Musique de M. Etienne ARNAUD.

La Musique chez MM. E. GÉRARD et C°, 18, r. Dauphine

Lorsque s'éveille la nature,
Et que tout redevient vermeil ;
Quand la terre a pris sa parure,
Sous les doux baisers du soleil ;
Petits oiseaux, de la charmille,
Vos chastes amours sont troublés ;
Le froment nourrit la famille :
Faites votre nid dans les blés !   { (bis.)

Dans les buissons tout vous tourmente :
D'abord les petits maraudeurs
Viendront quand votre voix charmante,
Leur dira vos secrets bonheurs :
Plus tard, sous une étroite grille,
Vos petits vivront exilés :
Le froment nourrit, etc.

L'alouette y met sa couvée
Sans craindre la main du méchant !
Et rarement elle est trouvée,
Même par le maître du champ ;
Aussi quand passe la faucille,
Tous les oisillons sont ailés :
Le froment nourrit la famille :
Faites votre nid dans les blés !   { (bis.)

L'ENFANT
ET
L'ALOUETTE

CHANSONNETTE

Chantée par Mme **PEUCHOT**,

Aux soirées lyriques du Casino-des-Arts.

Paroles et musique de M. Léon PEUCHOT.

*La Musique se trouve chez Mme Ve PATÉ, éditeur,
1, rue Baillet, à Paris.*

Depuis longtemps, chaque jour je te guette,
Et non sans peine, je te tiens enfin ;
Il faut chanter ma gentille alouette,
Et m'égayer par ton joyeux refrain.
Ne tremble pas en voyant cette cage ;
Avec des fleurs, j'ai caché son réseau ;
Tu peux te croire au milieu du bocage, } *bis.*
Chante avec moi charmant petit oiseau, }
       Ah !
  Ah ! ah ! ah ! ah ! ah ! ah ! ah !   *(bis).*

Quand le printemps ranime la nature,
Et nous promet le réveil des beaux jours,
Ta douce voix, sous la tendre verdure,
Peut célébrer tes candides amours.
Mais près de moi pourquoi te taire encore !
N'entends-tu pas ma voix te supplier.
Hélas ! ton chant, peut-être, je l'ignore,   } b s.
Chante à ton tour, et je vais essayer.
                    Ah !
        Ah ! ah ! ah ! ah ! ah ! ah ! ah !   (bis.)

Quoi malgré tout, ta voix reste muette,
Et je ne puis rien obtenir de toi.
Eh bien ! fuis-moi, pars, ingrate alouette.
Je ne veux pas t'enchaîner sous ma loi.
Mais une fois sous ces épais ombrages,
Reprends tes chants et ta douce gaîté ;
Car je le vois, il te faut les feuillages,   } b s.
Pour célébrer en paix la liberté.
                    Ah !
        Ah ! ah ! ah ! ah ! ah ! ah ! ah !   (is.)

IL EST SI DOUX
DE FLANER EN CHEMIN

Air des Bons Païens ressuscitans les Dieux (Ch. Gille).

Pour le barreau, les arts et l'industrie
Les jeunes gens ont plus ou moins d'amour ;
Moi, tout enfaut j'aimais la flânerie
Et, bien! je l'aime autant qu'au premier jour.
Dans cette vie ou la foule se rue
Pour aller vite, on me revoit gamin
A chaque pas m'arrêtant dans la rue
Il est si doux de flâner en chemin.

Tous ces mortels qui devant mes yeux passent
Me font pitié quand je les vois courir;
Reniant tout, Dieu, l'amour, ils amassent
L'argent du marbre ou leur corps doit dormir
De la sagesse écoutant la parole
Pour m'en aller où s'en va chaque humain,
J'aime à revoir les sentiers de l'école
Il est si doux de flâner en chemin.

Pourtant hélas! j'appartiens au commerce,
Dans l'avenir j'ai des gains positifs
D'un mariage important on me berce
Dot assez ronde et parents maladifs,

De mon retard ma future ennuyée
Veut en finir, j'ajourne encor l'hymen,
Quand sur mon bras Rosine est appuyée,
Il est si doux de flâner en chemin.

Quoi ! deux amis ont recours à l'escrime,
L'orgueil les pousse, ils vont attendre au moins
Pour que l'un d'eux du combat soit victime
Qu'ils aient un lieu, des armes, des témoins ;
Du sang calmé tout le fiel s'évapore,
Je les rassemble une main dans la main :
Leur amitié renaît avec l'aurore
Il est si doux de flâner en chemin.

Cette existence est tout une tempête
Pensai-je un jour que mon âme pleurait
Depuis ce temps un projet dans ma tête
Quand il fait noir passe et dit : es-tu prêt ?
Une douleur d'une joie est suivie
Si je mourais, adieu tout lendemain ;
A réfléchir je veux passer ma vie
Il est si doux de flâner en chemin.

J'entends d'ici la critique cafarde
Il se croit jeune, il est pourtant grison,
Dit-elle bas, à se ranger il tarde
Quand donc enfin parlera-t-il raison !
A l'âge triste où tout se décolore
De mon passé je ferai l'examen ;
Déraisonner un peu, c'est vivre encore
Il est si doux de flâner en chemin.

Henry NADOT.

UNE FOULE DE PLAISIRS

ou

CONSEILS D'UN PÈRE A SON FILS

CHANSONNETTE

Paroles de M. Alexis Dalès.

Air : *Voilà les Plaisirs du Village* (A. Romagnési).

Mon cher enfant, t'as bientôt dix-huit ans,
C'est l'âge heureux de l'allégresse ;
A te distraire occupe tes instants
Le plaisir sied à la jeunesse :
En te lançant dans un monde nouveau
Suis bien les leçons de ton père ;
Je vais ici te faire le tableau
Du plaisir qu'on goûte sur terre ! } *bis.*

Ne pas dormir, et se lever matin,
Prendr' sa *ligne* et son *épuisette* ;
Dans un vieux sac emporter du *crottin*,
Pour pouvoir *amorcer* l'ablette :
Braver l'ardeur de l'horizon vermeil,
Sans que rien ne vous en empêche,
Pour attraper... deux ou trois coups d' soleil :
    Voilà les plaisirs de la PÈCHE !

L' fusil su' l'dos, l'œil au guet, l' nez au vent
Marcher toujours sans prendre un siège ;
Guettant l'gibier qui ne vient pas souvent
Grelotter les pieds dans la neige :
Afin d' prouver qu'on a l' coup d'œil parfait
A défaut de lièvre ou d' bécasse ;

Tuer un *pierrot* qui ne vous a rien fait :
    Voilà les plaisirs de la CHASSE !

Gesticuler et des pieds et des mains,
Afin de séduire les belles ;
Sauter toujours, ainsi que des pantins,
Dont on fait mouvoir les ficelles :
Ne pas oser se plaindre d' la chaleur ;
Avoir beaucoup de complaisance
Boir' d' la poussière et prendre un bain d' vapeur
    Voilà les plaisirs de la DANSE !

Grimper aux arbr's pour atteindre des nids :
Boir' du lait sans être malade ;
Ou dans les champs cueillir des pissenlits,
Pour confectionner un' salade.
Autour de soi promenant ses regards
Voir un bœuf avec sa compagne,
Puis des dindons, des poulets, des canards
    V'là les plaisirs de la CAMPAGNE.

Y a bien encor un' foul' d'autres plaisirs
Que tu peux goûter sans obstacles,
Pour contenter tes innocents désirs,
Donn' toi tous les genr's de spectacles.
Amus' toi bien, tu n'en s'ras pas fâché
Plus tard, près d'une épouse sage...
Tu goûteras par dessus le marché
    Les nombreux plaisirs du MÉNAGE !

Paris. — L. VIEILLOT, éditeur et seul propriétaire,
32, rue Notre-Dame-de-Nazareth.

Paris. — Imprimerie A. Appert, passage du Caire, 56.

BRISE DE FRANCE

ROMANCE

Chantée par M. RENARD de l'Opéra.

Paroles de M. Emile Dufour,
Musique de M. Marc Chautagne,

La Musique se trouve chez L. Vieillot, *éditeur,*
32, rue Notre-Dame-de-Nazareth, à Paris.

Je me souviens de ses tendres serments,
Elle m'a dit : je te serai fidèle ;
L'honneur l'ordonne, obéis, je t'attends ;
Je suis parti, mais je souffre loin d'elle.
Jadis mon nom seul emplissait son cœur,
Le mêle-t-elle encore à sa prière ?
M'appelle-t-elle en son rêve trompeur,
Quand chaque jour voit finir sa carrière ?
  Brise du soir,
  Qui viens de France,
Apporte-moi pour calmer ma souffrance,
  Un mot d'espoir,   (bis.)
  Pour calmer ma souffrance,
  Un mot d'espoir !

L'as-tu suivie en ses courses du soir,
Quand flotte au vent sa brune chevelure,
Ou quand chacun à ses pieds vient s'asseoir
Pour écouter les sons de sa voix pure?
A ses accents tu dus te reposer,
Et recueillir ses soupirs sur ton aile,
Ah ! donne-moi, brise dans un baiser,
Parfums, chansons, soupirs qui viennent d'elle.
        Brise du soir, etc.

Ainsi chantait, armé pour notre honneur
Jeune soldat sur un lointain rivage,
Quand tout-à-coup une sourde rumeur
D'un long combat gronde comme un présage,
Bientôt monté sur son fougueux coursier,
Qu'entraîne au loin la trompette sonore,
Il tombe atteint par un plomb meurtrier...
Son œil se clot... mais sa voix dit encore :
        Brise du soir
        Retourne en France,
Tu la verras, redis-lui ma souffrance,
        Sans nul espoir.   (bis.)
        Redis-lui ma souffrance,
        Sans nul espoir.

LES
BELLES NUITS D'ÉTÉ

NOCTURNE A DEUX VOIX.

Paroles de M. Emile BARATEAU,
Musique de M. F. MASINI.

*La musique se trouve chez MM. E. GÉRARD et Ce.,
éditeurs, rue Dauphine, 18, à Paris.*

Le soleil a grandi,
Et déjà le village
S'en va chercher l'ombrage,
Au bois tout reverdi ;
Mais si le printemps passe
Nous aurons à sa place,
L'éclat diamanté
Des belles nuits d'été !
L'éclat diamanté
Des belles nuits d'été !   *(ter)*

} *bis.*

Nous reverrons encor,
Dans la verte prairie,
Parmi l'herbe fleurie,
Un essaim de fleurs d'or ;
Lucioles brillantes,
Lumières scintillantes,
Eclat diamanté
Des belles nuit d'été !

} *bis.*

Eclat diamanté
Des belles nuits d'été.   (*ter.*)

Formant un demi jour,
Les étoiles sans nombre,
Apparaîtront dans l'ombre,
En deux rayons d'amour !
Signal des cœurs fidèles,
Tremblantes étincelles,
Eclat diamanté
Des belles nuits d'été !
Eclat diamanté
Des belles nuits d'été !   (*ter.*)

} *bis.*

HYMNE A BACCHUS

(Evohé)

Chanté par **Mme UGALDE**,
Au théâtre des Bouffes-Parisiens,

DANS : **ORPHÉE AUX ENFERS**.

Paroles de M. Hector CRÉMIEUX,
Musique de M. Jacques OFFENBACH.

*La Musique se trouve chez MM. HEUGEL et Cie, édit.,
2 bis, rue Vivienne, à Paris.*

J'ai vu le Dieu Bacchus sur sa roche fertile
Donnant à ses sujets ses joyeuses leçons
Le faune au pied de chèvre et la nymphe docile
Répétaient ses chansons.   (*ter.*)

    Evohé ! Evohé !
  Evohé, Bacchus m'inspire,
  Evohé, je sens en moi,
  Evohé, son saint délire
  Evohé, Bacchus est roi !   (*ter.*)
  Evohé ! oui Bacchus est roi !
      Bacchus est roi !

Laissez, leur disait-il, les tristesses moroses,
Laissez, les noirs soucis aux profanes humains,
Et vous, couronnez-vous des pampres et des roses
      Qui tombent de mes mains.   (*ter.*)
      Evohé ! Evohé !
  Evohé, Bacchus m'inspire,
  Evohé, je sens en moi,
  Evohé ! son saint délire,
  Evohé, Bacchus est roi !   (*ter.*)
  Evohé ! oui, Bacchus est roi !
      Bacchus est roi !

Orphée aux Enfers, opérette en 2 actes, de M. Hecto
CRÉMIEUX. en vente à Paris, chez MM. MICHEL LÉVY frères,
éditeurs, 2 bis, rue Vivienne. Prix : 1 fr.

LES PETITS ORPHELINS

CHANSONNETTE

Paroles de M. A. BÉTOURNÉ,
Musique de M. Edouard BRUGUIÈRE.

La Musique chez MM. E. GÉRARD et C⁰, 18, r. Dauphine

Bons habitants de ces hameaux,
Vous voyez deux enfants jumeaux
Qui n'ont hélas jamais connu leur mère !
Ayez pitié de leur misère,
Ce sont vos chants, vos cris joyeux
Et les doux sons de la musette,
Qui nous attirent en ces lieux
Ou tout respire un air de fête.

Nos cœurs sont exempts de fierté,
Notre infortune le commande ;
Pourtant c'est moins la charité
Que du travail qu'on vous demande.
    Ce sont vos chants, etc.

Par vous comblés de soins touchants,
Nous obtiendrons par nos prières
Et l'abondance pour vos champs
Et le bonheur pour vos chaumières.
Ce sont vos chants, vos cris joyeux
Et les doux sons de la musette
Qui nous attirent en ces lieux
Où tout respire un air de fête.

LE COIN DU CŒUR

CHANSON

Chantée par **M. BERTHELIER,**

Du théâtre du *Palais-Royal*,

Paroles de M. le vicomte Eugène DE RICHEMONT,

Musique de Louis ABADIE.

La musique chez M. HEUGEL et Cⁱᵉ, 2 *bis*, r. *Vivienne.*

•《O》•

Je suis bien vieux, mais malgré ma vieillesse,
J'adore, enfants, vos refrains. votre esprit ;
Quand on me parle amour gloire et jeunesse,
Ça m'électrise et mon vieux cœur bondit ;
Lorsque j'entends s'entre-choquer vos verres,
Je sens renaître en moi la bonne humeur,
Puis je me dis : ils font comme leurs pères !...
On a toujours vingt ans dans quelque coin du cœur.
      Vingt ans, vingt ans !...
      Dans quelque coin du cœur !

Je n'aimais pas les débats inutiles,
Et sans faiblesse ainsi que sans orgueil,
Je recherchais, les gens doux et faciles ;
Les querelleurs ne passaient pas mon seuil !

Faites ainsi, c'est le devoir du sage,
Mais si pourtant on touchait à l'honneur,
Pour se venger, enfants, il n'est pas d'âge,
On a toujours vingt ans dans quelque coin du cœur,
Vingt ans, vingt ans !
Dans quelque coin du cœur !

L'amour surtout, étincelle divine
Que Dieu donna comme avant-goût du ciel,
Va s'éteignant lorsque l'homme décline ;
Oh ! pourquoi donc n'est-il pas éternel !...
Mon temps est fait, mais auprès d'une belle,
En moi venait une douce lueur,
Je deviens jeune et je sens qu'auprès d'elle
On a toujours vingt ans dans quelque coin du cœur,
Vingt ans, vingt ans !...
Dans quelque coin du cœur !

FIN DU SIXIÈME VOLUME.

TABLE

DES

ROMANCES, CHANSONNETTES & MORCEAUX D'OPÉRAS

CONTENUS DANS LE SIXIÈME VOLUME

DE L'ALBUM DU MÉNESTREL.

FIN DE LA TABLE DU SIXIÈME VOLUME.

Paris. — L. VIEILLOT, éditeur et seul propriétaire,
32, rue Notre-Dame-de-Nazareth.

Paris. — Imprimerie A. Appert, passage du Caire, 56.